○ 文化产业经典案例丛书

穿越時空

——上海网络游戏业的传奇

祝君波 韩志海 等 编著

上海交通大学出版社
SHANGHAI JIAO TONG UNIVERSITY PRESS

内容提要

本书为"文化产业经典案例丛书"之一，主要讲述了十余年来上海网络游戏业蓬勃发展的历程。内容包括上海网络游戏发展的环境、政策概述和分析，以及盛大网络、巨人网络、盛趣游戏、游族网络、米哈游、莉莉丝等标杆企业的发展征途和传奇故事等，并附有上海重要游戏企业名录和获奖网络游戏概览。

图书在版编目（CIP）数据

穿越时空：上海网络游戏业的传奇 / 祝君波等编著
. —上海：上海交通大学出版社，2021.7
（文化产业经典案例丛书）
ISBN 978-7-313-25025-4

Ⅰ.①穿… Ⅱ.①祝… Ⅲ.①网络游戏-行业发展-
研究-上海 Ⅳ.①G898.3

中国版本图书馆 CIP 数据核字 (2021) 第 107828 号

穿越时空——上海网络游戏业的传奇
CHUANYUE SHIKONG—SHANGHAI WANGLUO YOUXIYE DE CHUANQI

编　　著：	祝君波　韩志海　等		
出版发行：	上海交通大学出版社	地　　址：	上海市番禺路 951 号
邮政编码：	200030	电　　话：	021-64071208
印　　刷：	上海万卷印刷股份有限公司	经　　销：	全国新华书店
开　　本：	710mm×1000mm　1/16	印　　张：	15
字　　数：	213 千字	插　　页：	8
版　　次：	2021 年 7 月第 1 版	印　　次：	2021 年 7 月第 1 次印刷
书　　号：	ISBN 978-7-313-25025-4		
定　　价：	78.00 元		

深入开展打击"私服"、"外挂"专向治理工作会议留念

2004年，召开打击"私服""外挂"专项治理会议

龚学平考察网络游戏公司

2006年，孙寿山和宗明等领导在韩志海陪同下参观巨人网络展厅

2009年，孙寿山和王仲伟等领导观看巨人网络展厅

2009年，盛大游戏在美国纳斯达克股票市场成功上市

盛大游戏装点金茂大厦

盛趣游戏大楼外景

2019年5月，世纪华通重组盛趣游戏成功

盛趣游戏与美国贝塞斯达游戏公司合作的
《辐射：避难所Online》荣登App Store
榜首

游族大夏外景

2018年ChinaJoy，游族网络携《少年三国志》《权力的游戏 凛冬将至》等与玩家见面

莉莉丝游戏公司外景

2015年春，上海市新闻出版局副局长祝君波来莉莉丝调研指导

2016年，莉莉丝和龙图在美国与暴雪、威尔乌达成和解

2020年，莉莉丝公司年会

2019年，上海市委宣传部王亚元副部长参观调研米哈游戏公司

2019年8月，米哈游入围互联网百强榜单

2019年9月，米哈游拜访中国驻马来西亚大使馆汇报数字文化产业情况

2004年，第二届中国国际数码互动娱乐产品及技术应用展览会（ChinaJoy）游戏展移师上海获得成功，并宣布永久落户上海，图为2006年第四届开幕典礼

2008年，第六届中国国际数码国际数码互动娱乐展览会开幕典礼

2014年，蒋建国、孙寿山、朱芝松等领导为中国国际数码国际数码互动娱乐展览会揭幕

2016年，中国国际数码国际数码互动娱乐展览会峰会现场

(a)

(b)

(c)

(d)

2019年，ChinaJoy展馆盛况 （a）暴雪&网易展台；（b） 动漫馆；（c） 高通骁龙主题馆；（d） 腾讯展台

2019年，ChinaJoy嘉年华全国大赛颁奖现场

2018年，全球电竞大会：上海电竞周

2019年，全球电竞大会现场

总序一

[签名]

　　21 世纪非同寻常，科技创新让经济展翅腾飞，文化产业的崛起更为我们的时代增添了无比瑰丽的色彩。

　　如今，文化产业在不少西方发达国家已经成为经济支柱产业，其经济产值及对社会文化的影响远远超过了传统产业，并且引发了"以知识为资本""以创意为核心"的根本性的经济发展新模式。人们认识到，文化艺术在金融资本支撑下，与高新科技相结合，可以成为支持和服务于持续发展的新型产业的强劲推动力。

　　我国在进入市场经济之后，随着人民生活水平的不断提高，对于文化娱乐的需求也随之增强，对文化产业所提供的产品与服务从质与量两个层面都提出更高的要求。这就为中国的文化产业发展提供了难得的机遇和发展空间。目前，我国的文化产业虽然起步较晚，但其发展的趋势却令人瞩目，已经成为我国经济结构调整的一个重要环节。

　　分析世界各国的文化创意产业发展途径，我们可以看到其核心是人才，尤其是创意人才和精通文化艺术的经营之道的人才。因此，我国文化产业人才的需求与培育被提到前所未有的重要地位。现在，全国高校文产专业如雨后春笋般出现和发展，但教学质量却存在不少问题。一是不少教师来自艺术、文学等专业，对于文化产业不甚了解，或知之甚少，根本没有运作经营的实践经验；二是文化产业专业常常设于艺术学院或其他学院，这些学院又往往只作为综合大学的点缀，对其建设不可能倾注足够的资源。正因为如此，教学一般都承袭传统方式的讲课，与实践环节脱离。三是生源不甚理想。四是缺少实习场所。凡此种种，使得我们培养出的人才，与实际要求差距较大。有鉴于此，我们认为，对于文产专业的人才培养，除了加强实习环节之外，至关重要的是教学内容与教学方式的优化，其中案例教学系统的建立与完善，对于缺乏实践经验的同学来说尤为重要。

案例教学始于美国哈佛大学，20 世纪 80 年代开始传入我国工商管理专业的教学中。我认为文化产业管理专业的教育也应大力提倡案例教学。因此，对于案例的收集、整理与诠释应成为文化产业专业教学改革的重要一步。

可喜的是，在我国经济迅速发展的三十多年中，文化产业从初创、探索阶段至今，已经出现了不少成功的案例，从理念创新、集资改制、设施建设与运营管理，到产业化运行等均有精彩生动的案例。例如，上海第八届全国运动会超前的集资理念及其运行；上海东方明珠电视塔将单纯的发射塔综合建设成集发射、观光旅游、餐饮、娱乐等多功能于一身的经验；上海大剧院冲破阻力打破常规，以国际一流水平剧院为目标的建造与管理；民营的华谊兄弟传媒集团从电影业扩展到多元化娱乐领域，成为知名的上市企业；上海现代人剧社创办 20 余年，现在每年演出新、老剧目和场次已赶上甚至超过国有院团，社会声誉日隆，经济上也早已进入良性循环等。这些探索与实践从中国实际出发，提供了具有现实意义的运行模式，为发展具有中国特色的文化产（事）业提供了有益思路和宝贵经验。收集整理、总结分析和阐释国内这些成功的案例，让它们成为高等院校文化产业专业的教材或教学辅助材料，便是我们出版"文化产业经典案例丛书"的初衷。

以经典案例为范本，通过剖析具体而生动的经验，加以总结提高，是文产专业最行之有效的一种教学途径，有助于改变在讲课中空对空、从理论到理论的现象。一个成功案例的总结和推广，远胜于长篇大论的空洞说教。案例使学生对产业运作具有感性认识，获得对文化产品与服务的市场化运作和文化企事业经营管理的真知灼见，从而得以体会与了解实践的甘苦、实践的智慧和实践的力量。

经典案例以方案策划实践或项目运作为基础，研讨实践中出现的问题，阐释解决问题的方案，层层展开，诠释案例运行所处的政治、经济、文化、社会心理的背景，阐述与文化产业相关的观念、理论、模式，总结案例成功的因素及其过程。在教学中讲解这些案例，能让学习者切实地了解实践过程，各环节之间的关联，感受创业者、经营者勇于探索、敢于创新的勇气与睿智。案例教学中师生的课堂讨论，将启发莘莘学子的思考能力，拓展他们的思路和分析能力，有利于学生对理论知识的深入理解与融会贯通，提高学生创意思维和解决问题的能力。

实践永远比理论更加精彩。在新兴的文化产业中不断出现的新的思维方式、理念，新的商业模式、文化形式与新的产业形态，将持续地为典型案例的整理提供新的热点和内容，案例教学通过解析实践传递新时代的智慧，使我们不断地受到深刻的启迪，更新知识结构，增强对新知识的了解。

实践也是探索。我国文化产业正处于发展过程中，对于其间出现的诸多问题，如文化艺术与商业化产业化之间的双重关系，科技发展及应用对社会文化、社会习俗及心理所产生的影响，政策与法律对于市场的推动与限制作用等，至今尚未能进行深入的社会调查和理论研究。前瞻性和科学性的理论指导之缺乏束缚了我们的手脚，影响了文化产业的进一步发展，所以，案例不只对改进教学有益，也必将为研究机构提供重要的第一手的素材与独特的见解。

我们期待从事文化产业的有志之士积极与我们联系，为我们讲述实践探索中的心路历程及其感受、经验教训，让你们的实践具有更大的号召力和影响力，并融入知识传播和文化产业人才培养进程，使文化产业精英及其团队经营管理的经验成为教育的财富。

在如今经济全球化与全球文化多元共存的格局下，具备国际视野是走向全球化的必要条件。然而，借鉴也是一门学问。简单的模仿、生硬的搬用绝不可能实质性地提高我们的竞争力与影响力。由于我国的政治、经济、社会、文化和群体心理具有其自身的特点，因此，我们必须切合实际地借鉴他国的成功经验，以独特的视角精选引进、汇编一批对我们有借鉴意义的、具有特色的国际上的典型案例，为从事文化产业的人士，为培养创意人才的教育机构和研究机构提供一套实用性较强的案例教材和参考书，促进文化产业专业教育和人才培养逐渐成为一门完整的、开放的、发展的学问。

文化产（事）业领域多元宽广，犹如浩瀚的大海，深藏着无数的奇珍异宝。我们收集出版这些案例好比撷取大海中的一颗颗色彩斑斓的珍宝珠贝，如果能吸引你的目光，或能引起你的遐想和关注，为你所珍爱，那么，我们奉上"文化产业经典案例丛书"，也算尽了自己的一份心力。

汪天云

那些年，我们追求卓越

新年伊始，流传着年轻人对历史文化的评价：百年中国求富强，文化站在路中央！

谁都明白：改革开放到了必须与文化携手共进的年代！否则，在新一轮的国家发展中，作为民族经济，无法真正挺起脊梁。

我们可以举千百个案例，说明文化的特殊和重要。

但我们很多文化发展战略，常被经济和其他利益染指、"绑架"、倾轧或瓦解……

党的十七届六中全会史无前例地把文化的大发展大繁荣，提到了国运兴衰的高度。党的十八大为进一步推进社会主义文化大发展大繁荣吹响号角——"一定要坚持社会主义先进文化前进方向，树立高度的文化自觉和文化自信，向着建设社会主义文化强国宏伟目标阔步前进。"

我们为之鼓舞：发展公共文化事业和文化产业写上了旗帜！

我们深知任重道远，还须上下求索。

为此，我们举学院乃至社会之力，创编了这套文化产业经典案例丛书，作为教材乃至教育文化建设的新奉献。

在这里，镌刻着一行行艰难困苦、拼搏前行的足迹，傲立起一座座享誉神州、驰名海外的文化地标（东方明珠电视塔、上海大剧院、东方绿舟青少年活动基地等），有令人刮目相看的一项项大型文化体育设施及赛事（八运会、八万人体育场、东亚运动会、万宝路足球赛等），有上海大舞台、上海艺博会、上海文艺院团改革，还有在传媒业和教育界缤纷绽放的盛大网络……所有这些，都彰显了上海城市的气派、上海文化的锦绣，也是人们喜爱上海的理由。

透过这一系列对上海文化产业开创性的宏大构建，从物理层面到心理层面的传奇巨变，我们看到的是人文精神的复兴和民族文化产业的蓬勃推进！

这不是对既往历史的一般性回眸，而是对上海文化产业经典价值的"回采"。所以，这里汇聚的不仅仅是历史风云，更可贵的是经验、理想和责任！

在创业经验、事业理想和敬业责任的交融中，我们先被震撼。我们怀着崇敬和感恩的心情，挥洒真实而简练的文笔，来描绘上海文化产业的瑰丽长卷，勾勒筚路蓝缕开创文产伟业的群芳谱，讴歌那文化产业领军人物的睿智、胆魄和一个个创建者的人格风采！

他们带领一支支团队，创写了一部部现代神话；

他们浇灌一片片心血，融汇成一簇簇产业之花。

流光荏苒，佳木成林。

上海的文产群雄，在浦江两岸、申城南北以大智慧、大手笔布局，市委市政府领导和创业先驱，全都孜孜以求，甘愿呕心沥血，志在建树一个个利在当代、功在千秋的文产大项目，让人感奋他们的远见与胸怀、创新与卓越。无数故事和细节，闪耀着思想光泽，至今令人震撼，启迪匪浅。团队成员披星戴月不计报酬，酷暑严寒抱病工作，一天工作十六七个小时。往往常年不歇，始终在第一线。这是何等卓越的表率！我们每个参与编写者，在采集史料时，曾试图诠释那些令人难以想象、难以计算、难以理解的奇迹背后的奥秘；在访问当年功臣时，又被他们不沽名、不钓誉的高尚情怀所折服。

今天的我们，已经沐浴着文化大发展大繁荣的浩荡春风。看上海文化的现代版图，风景这边独好！艺术院校的学子要走向社会，融入一支支创意管理团队，太需要有这些经典案例和理论分析，来鼓舞锐气、借聚智慧和毅力扬帆远航。年轻学子知道自己的校长当年曾经为上海文化产业耕耘，很想问津、"淘宝"，学到真本领。我们就萌生创想，要编这套上海文化产业经典案例丛书，来满足教书育人的需要，让"老兵新传"有传人！

这些感怀，凝结成我们不倦、不懈地编辑丛书的驱动力。

这套书的创生过程，有经典传奇的鼓舞，有激情点亮的愿景，书里书外，着实能汇聚起精、气、神！在进一步解放思想、改革开放的前提下，我们将充分认识龚学平校长所倡导的大文产理念和实践轨迹，增进对峥嵘岁月的历史解读力，迸发文化创意和文化自信力，再创跨世纪的新辉煌！

搁笔，等待您的开卷。凡是参加此书编创的人员都有一种荣幸和自豪感。

我们，站在巨人肩上。真诚讴歌一个时代的史诗和强音：那些年，我们追求卓越！

古人云：他山之石，可以攻玉。

丛书给我们"攻玉"的力量、信心和智慧。

习近平同志多次强调：要重温榜样和示范，成功的案例，给予我们的力量，不仅巨大，而且深远。

我们遵照而行，我们笃信这种力量的持久、广远。

我们出发了，用我们的文笔和当年的照片。

我们继续努力，继续追求卓越和创新，同时也盼望这套丛书贯穿着的进取精神能够在您那里得到延续！

希望我们的努力，也能被后继者编缀为富有启示意义的新书。这不是奢望，而是诚祈！

在这套书的编创过程中，我们得到了上海社会科学院文学所、上海文广集团、上海东方明珠（集团）股份（有限）公司、上海东方绿舟青少年活动基地、上海大剧院、上海东亚（集团）有限公司、文汇报、解放日报、上海电影集团、上海大学，以及上海市教委、上海市科委、上海市文广影视出版局、上海交通大学出版社等单位、部门的鼎力相助，我们深表感谢！

编书、出书的事，是平常、平静的。

但这套书，在平常中掀动着激越和豪情，在平静中牵引起人们许许多多难以平静的追忆和联想……

有些创业者，英年早逝；

有些奉献者，告老还乡；

但他们的音容笑貌、伟大精神，将和我们的文字和图片一起永驻，久久地播撒于我们的精神家园。

二〇一三年元月

目　录

第一章

上海网络游戏业概说

　　游戏是人类与生俱来的爱好和活动项目。在远古时代，人类在生产劳动之余，借助音乐、诗歌、舞蹈以及游戏，抒发自己的情感，调节人们的作息，保持人与人之间的联系。传统的原始游戏，大多只借助简单的物体。工业革命以后，游戏渐趋多元。而20世纪80年代在欧美创新发展起来的互联网技术，则将游戏推向了一个复杂、多元、丰富和互动的阶段。声、光、电、文学元素和美术、音乐的融合介入，使之成为大众普及、更具魅力的文化现象和文化产业，改变了上千年来人类文化消费的习惯，形成了一个庞大并且尚在持续的文化市场，对书报刊、电影、电视、唱片业也造成了严重冲击。据全球权威机构NEW200发布的《2018年全球游戏市场报告》，这年全球游戏市场规模将达到1 300多亿美元，游戏玩家数量已突破23亿。这是一个令人振奋的数据。

　　中国是一个有着游戏传统的国度。老鹰捉小鸡、击鼓传花曾是原始游戏的代表，在我国具有广泛性。20世纪，最普及的游戏是扑克牌、象棋、军棋、麻将牌，填补了文化娱乐业匮乏时期人们的生活空间。改革开放，海外先进的电动、电子游戏设备和技术来到我们身边，改变了人们的文化生活，也给文化产业发展带来了新的动力。

　　上海是我国综合性的国际化大都市。上海以建设国际文化大都市为目标。其文化除了本国原创以外，从历史上看，引进西方先进技术和文化，一直是它的传统。例如我国的现代印刷业、报业、唱片和电影，最早都是从上海这一文化码头登陆而发展到各地去的。网络游戏也是如此。

一、网络游戏业在上海引入成为我国的发源地

改革开放，上海的街机游戏和插卡单机版游戏从日本等地引入。当时，上海很多大型综合性百货商城都设置电动游戏机，内容包括赛车、射击、竞技，有一定的现场感和刺激性。随着彩色电视机的普及，日本任天堂开发的卡式游戏机传入中国，上海王子杰先生就是最早从事引进的人士。整个 90 年代，与电视相连接的插卡电视游戏，非常普及，价廉物美，深受群众欢迎，成了家庭娱乐的重要内容。只是由于节目来自海外引进版权，生产发行商深受盗版的侵扰，致使这一产业难以发展，加上本身存在一定的负面影响受到我国政府的管制，后期日渐衰退。此后，网络游戏在欧洲，在亚洲的日本、韩国逐渐成形，上海以及我国的游戏业也随之进行了历史性转型。

网络游戏英文名称为 online game，又称在线游戏，简称网游。通常以个人电脑（PC）、平板电脑、智能手机等载体为游戏平台，以游戏运营商服务器为处理器，以互联网为传输媒介，必须通过广域内网络传输方式[（国际）互联网、移动互联网、广电网等]实现多个用户同时参与的游戏产品，是一种对游戏中人物角色或者场景的操作实行娱乐、交流为目的的游戏方式，具有可持续性的个体性多人在线游戏。它既有故事内容、优质画面、人物动作，又有音乐、动作声音，是一种立体的感官享受。对玩家尤其是年轻人，具有强烈的刺激性和吸引力。

网络游戏在上海乃至中国的发展，不得不提到 1999 年 12 月成立的盛大网络公司，以及 2000 年华新公司推出的《万王之王》《石器时代》这两款最初的 Mud 游戏，这两款产品比较早期，但已吸引了受众，引发了游戏后来在上海的大爆发。2002 年，盛大网络首创从韩国买入《传奇》版权进行运营，一时轰动，最高在线达 65 万人，注册用户 2 000 万人。当时中国网民总量才 5 900 万人，约 34% 网民成为《传奇》的用户。真是一花引来万花开。2004 年 9 月，由朱骏先生创始于 1998 年的第九城市，引进美国暴雪公司的游戏《魔兽世界》，它技术复杂，

内容精致，玩家需要换装购买高配电脑才能参与，但这不是阻碍，很快它以 350 万人在线数创下历史奇迹，引起玩家、创业者资本、技术商和政府的关注。

2004 年，在上海发生了影响我国网游业的几件大事：2004 年 5 月 13 日，上海盛大在美国纳斯达克证券交易所上市，股票代码为"SNDA"。每股发行价 11.0 美元，共募集资金 15 239 万美元，折合人民币约 12.6 亿。2004 年 10 月，第二届中国国际数码互动娱乐产品及技术应用展览会（简称 ChinaJoy）在上海新国际展览中心举办，展会面积达到 2 万平方米，吸引了 140 余家展商的 167 款作品参展，包括美国 E 电公司、法国育碧公司等著名国际游戏企业，吸引了 7.5 万热情的玩家和观众。11 月 18 日，上海巨人网络科技公司成立，史玉柱出任 CEO，这也是一家集网络游戏研发、运营和发行为一体的综合性互动娱乐企业。2004 年 12 月 15 日，上海第九城市于美国纳斯达克证券交易所挂牌交易，股票代码为"NCTY"。当日，第九城市的股票开盘价为 19 美元，比此前公布的 17 美元发行价高出 2 美元，发行当日收盘价 21 美元，涨幅达 23.53%。2005 年初，陈天桥因为盛大在美国上市，股票一路上扬，被评为中国 2004 年度首富，个人资产达 100 多亿人民币。

2005 年 1 月，上海盛大发布年度财报，营业收入 4.5 亿（约 5 470 万美元），利润 2.3 亿（约 2 800 万美元）。2006 年 2 月第九城市发布 2005 年财报，营业收入 2.1 亿（约 2 630 万美元），利润 1 830 万（约 228.8 万美元）。

之所以介绍以上几个成功案例，是因为我国后续大发展的网游产业，是从上海引进、消化、运营成功的，上海成为中国现代网络游戏的发祥地实至名归。盛大、九城、巨人三个集团，很长时间居中国游戏企业的一线品牌，他们成功上市，给游戏界、金融界、IT 业、科技界以很多的示范效应，给很多年轻创业者创业、事业和富裕提供了可实现的梦想。它也为中国互联网产业包括门户网站以盈补亏找到了一条康庄大道。而 ChinaJoy 在上海成功以及宣布永久落户上海，以大型会展、论坛、青年玩家嘉年华的积极作用，超过东京电玩展、洛杉矶E3 展和科隆电子展，成为世界第一的同类展会，也是在 2004 年起步的（见图 1-1）。2004 年上海网络游戏实现销售收入 18.1 亿元，占全国 24.7 亿元的 73%，比上年增长 39%。这一年，对中国、对上海网游产业，都是至关重要的。在此之后，一大批游戏公司在上海以及全国成立。

图1-1 2004年，第二届Chinajoy游戏展移师上海获得成功，并宣布永久落户上海，图为2006年第四届开幕典礼

2005—2006 年，上海继续占据了全国游戏业 70%—80% 的市场份额，担负起了引进、原创、运营、发行，以及展会、融资的多项功能，为网络游戏后来的发展，创造了运营模式、收费模式和盈利模式。

为什么网络游戏业会在上海快速地发展起来形成规模，笔者认为有外部和内部两个方面的因素：

第一方面，外部因素。

（1）科技装备与信息高速公路建成。上海在 20 世纪后期，全面建设信息高速公路及宽带技术，同时全球电脑技术装备包括平板电脑向上海转让技术，服务器的容量和条件完成了产业升级，但社会对互联网的依存度尚不高，一句话，修好了高速公路没有汽车在上面开。于是，上海信息委、科委积极寻找"客源"，给予政策支持，而很多网络游戏企业与之配合，应运而生。

（2）韩国在网络游戏方面捷足先登，政府成立文化振兴院支持这项产业，开发出了一批优质的游戏产品，但是人口有限，游戏产品急需寻找海外市场，而中韩当时关系融洽，经贸合作正处蜜月期，游戏节目也积极地融入中国。盛大、九城最早成功的游戏《传奇》和《奇迹》都是从韩国引入的。2004年上海有网络游戏46款，进口27款，其中韩国22款，美国3款。欧美等国也想开辟中国市场，《魔兽世界》这类精品也紧随其后，来到了中国。这和电影市场的美国大片要进中国，道理也是一样的。

（3）国家有关机构重视上海的发展。新闻出版总署、信息产业部都重视上海网络的游戏业，推出了一系列的政策、文件，如2004年3月18日新闻出版总署等机构在沪召开打击"私服""外挂"专项治理会议，2004年8月《关于实施"中国民族网络游戏出版工程"的通知》，同年10月在上海举办ChinaJoy，2005年1月在广东召开"首届中国游戏产业年会"。上海盛大《传奇》系列、九城《奇迹》等4款游戏获得中国十大最受欢迎的网络游戏奖项，《传奇世界》《英雄年代》获"十大最受欢迎的民族网络游戏"奖项，上海世纪天成运营的《反恐精英》获"十大最受欢迎单机游戏"奖项。这是中央政府机构对上海工作的充分肯定。

（4）社会需求的推动。进入新世纪，我国经济的持续发展，人们解决了温饱问题，需要更多、更好的文化娱乐活动。一些年轻人已经在互联网上了解到海外发明了网络游戏，有些人已从其他渠道得到了初步的体验。电视、电影、表演业的"观众"和书报刊业的"读者"这些角色，已经无法满足大家的需要，人们在社会中的另一个角色"玩家"迫不及待地要登场了。这个时候，盛大和九城引进、翻译了韩国、美国的游戏，正好适应了社会的需要，这就引燃了年轻人旺盛的力量，《传奇》同时上线65万人，《魔兽世界》同时在线350万人，就是最好的证明。后来由年轻人又延伸到中老年的休闲益智游戏玩家群，形成了一个数亿人的玩家市场，填补了他们生活的空白。这是一个后来发展成为超2 000亿的文化产业，而上海正是国外游戏进入中国的一个前沿市场。

第二方面，内在因素。

（1）上海出现了现代游戏业的领军人物、新一代的企业家。时势造英雄。互联网游戏在中国是一项全新的事业，它的成功是由一代年轻人推动的。20年前陈天桥创办盛大、朱骏创办九城、史玉柱创办巨人，都只有二三十岁。他们风华正茂，意气风发，有国际视野、有市场的敏锐性，有魄力和闯劲，所以几年就做出了辉煌的业绩，众多的玩家、初期的案例，给更多的年轻人以示范作用。而上海国有文化界经验老到的文化人、出版人、影视人，则是这一段黄金时代的缺席者。不怕做不到，只怕想不到。年轻一代的领军人物想到了。

（2）上海是国际文化交流中心。历史上如此，现实更是如此。1992年邓小平同志"南方谈话"以后，开启了上海新一轮的对外开放，以经贸波及了科技、金融、文化"三合一"的现代游戏业。游戏引进、翻译、模仿、独创需要的环境，上海当时已经具备，高校培养了工程师和美术师，上海很快形成了综合力量。上海建设中国金融中心的努力，包括去纽约上市融资发展，也正好有利于发挥作用。

（3）最初的张江、漕河泾两大科技园区，给年轻人创业提供了条件。80年代上海就布局这两个主要科技创业园区，这些园区后来又向文化创意产业延伸，张江吸纳了盛大、九城入驻，漕河泾吸纳了巨人入驻。两大高科技园区成为最早的游戏业推手。

（4）上海市政府、经信委、市新闻出版局及文广局最早介入支持，市新闻出版局完成了游戏上线出版审报、批准、运营和奖励的制度；

市经信委给予很多政策的支持，包括资产、税收的优惠。这对初期上海这一产业的形成起了助推作用。

二、上海网络游戏的产品结构和销售结构

上海网络游戏由客户端网络游戏、网页游戏和移动端游戏三大类所构成。在2014年以后，也一度引进海外家用机游戏（BOX游戏），但不够普及。另外，单机版游戏也还始终存在。这后两项没有形成大众需求，是一个小众的特殊市场。

以盛大2002年《传奇》上线营业作为上海游戏业的起步阶段，上海游戏业当时的收入是微薄的。以2004年末计，大约为18.1亿人民币，其中盛大4.1亿。经过约15年的发展，我们看到2018年的销售收入：2018年上海网络游戏销售收入达到712.6亿，同比增长4.2%。全国2 144.4亿，上海占33%。上海2018年712.6亿，比2011年140.1亿增长了5.1倍，规模在扩大中。

（一）上海的客户端网络游戏

2001至2008年，上海乃至全国主要在发展客户端游戏。客户端游戏占的比重大、参与的企业多，也是玩家的主要体验之一。2008年以后，客户端游戏还是作为市场重要板块与页游、手游并列发展。

客户端网络游戏是网络游戏的形式之一，是需要在电脑上安装游戏客户端软件才能运营的游戏，简称端游。国内客户端游戏主要指大型多人在线角色扮演类网络游戏（MMORPG）和休闲客户端网络游戏这两大类。

客户端游戏的投资额比较大，几千万到上亿元人民币的都有。研发时间比较长，像美国《魔兽世界》等都是多年精心制作而成的。但客户端游戏可以不断修改补充，升级换代，长盛不衰，一直吸引着玩家。比如盛大的《传奇》、巨人的《征途》、九城的《奇迹》，已运营了十几年还有玩家。这也是游戏与电影所不同的地方。

2018年上海客户端游戏销售收入达到214.7亿，占全国30.1%的

比重。国内、海外产品交融成为上海客户端游戏市场重要特质。除了长线经典老产品《征途》《魔兽世界》以外，还有新产品《守望先锋》《CS：GO》《我的世界》等支撑起上海端游市场收入基本面的稳定。国内 1.5 亿的游戏玩家，依然对上海游戏有一定的依存度。

上海端游 2018 年 214.7 亿的销售收入，虽然比 2011 年 118.2 亿翻了一番，但增长幅度较低，主要因为端游是个老的游戏门类，网络游戏新的增长点后来向页游和手游发展。

（二）上海的网页游戏

2008—2015 年是我国网页游戏的爆发期、成长期。

网页游戏是指用户可以直接通过互联网浏览器玩的网络游戏，它不需要安装任何客户端软件。故又被称为无端游戏（webgame），简称为页游。这是基于 web 浏览器的网络在线互动游戏，只需打开 IE 网页，10 秒钟即可进入游戏，不存在机器配置不够的问题，最重要的是关闭或者切换极其方便，尤其适合上班族。游戏类型及题材也很丰富。类型有角色扮演（功夫派）、战争策略（"七雄争霸"）、社区养成（"怪物世界"）、模拟经营（"篮球经理"）和休闲竞技（"弹弹堂"）等。

在上海，网页游戏大致在 2008 年以后进入发展期。一方面是为了玩家的方便，另一方面也是企业发展战略的需要。端游投资大、时间长，新进的企业无法在这方面与盛大、巨人、网之易等企业竞争，他们选择页游另辟蹊径容易获得成功，国家也开始评比页游的优秀产品，拓展了新的市场，又促使端游大企业也回过来介入页游市场。

2011 年 7 月，首届网页游戏技术峰会在上海展开，与会专家从技术和实践层面介绍和讨论了页游的发展呈现出 3P 化以及新浏览器技术带来的新发展机遇，表明上海业界关注这类产品以及上海的地缘优势。

此后，上海网页游戏比较成功的产品还有《红月传说战神版》《创世热血战歌》《烈斩》《神魔传说》《神戒》《传奇世界》等。

这个阶段，网络游戏已向全国铺展，大量中小企业进入网页游戏领域，但从获奖的情况看，上海还占全国 30% 的获奖产品，显示出上海在这一方面的优势。与此同时也出现了淘米、游族、锐战、三七玩、心动这类由网页游戏起家的知名企业。

2018 年上海网页游戏销售收入为 97.3 亿，占 13.7% 的比重，是 2011 年 17.8 亿元的 5.5 倍。这一年页游受新产品及政策的影响有所下降（2015 年 155.5 亿，2016 年 149.4 亿，2017 年 118.9 亿）。这一时期，支撑上海页游的主要产品有《女神联盟》《花千骨》《摩尔庄园》《大天神》《神仙道》等。

（三）上海的移动游戏

移动游戏指的是运行在移动终端上的游戏软件，包括移动单机游戏和移动网络游戏。早期移动终端包括手机、笔记本电脑、平板电脑、POS 机。随着安装电路技术的飞速发展以及智能 4G 手机的出现，质量和界面的扩大，一个手机已相当于一个小型计算机系统，可以完成复杂的处理业务，使移动游戏几乎可以当作手游了。移动游戏也因此而拥有了更大的发挥空间。在游戏画面、类型、核心玩法等方面都实现了快速的发展。

移动游戏因设备携带方便，玩家可充分利用各种时间包括碎片化的时间，又有广泛的群众性，很快拥有了更多的用户，规模总量超过了端游、页游。它的出现，使上海以及中国的游戏业发生了一次裂变，很多中小企业进入游戏业创新、创业成为可能。因为开发手游的资金更小，时期更短，成为众多游戏公司成功的短平快产品。不仅中小企业，很多端游企业也纷纷加入，在开发新产品的同时，加紧把一些品牌端游产品也改建成手机板再度推出。2012 年 1 月，手机游戏大会在上海创智天地隆重举行，有 200 多人与会。大会以"手机游戏的营销推广以及手机游戏的技术方向"为主题，展开了热烈讨论。这个会议对上海手游发展具有积极的推动作用。

2018 年上海移动游戏销售收入达到 393.2 亿元，占全国 55.2% 的比重，增长率为上年的 17.6%，高于全国移动游戏收入 15.4% 的增长率。相比 2011 年上海仅有 4.1 亿的手游销售收入，是 90 多倍的增长，这是游戏发展史上的奇迹。一方面得益于美国智能手机的设备更新，另一方面在于游戏公司不断推出适合手游的新产品。如《剑与远征》《少年三国志》《传奇世界手游版》《征途手游版》。

在全国竞争激烈的情况下，上海网络游戏业能占全国约三分之一的市场份额，一方面是原来的基础好，企业多，产品积累雄厚，另一方面也在于不断创新。尤其是二次元移动游戏销售上，占了全国29.2%的比例。二次元是由日本引进的概念，是动画、漫画和游戏的总称。上海在二次元游戏发展上拥有哔哩哔哩、米哈游等多个大型代表性企业，运营了《FGO》《崩坏了》等多款代表性游戏产品，营业额均达到10亿以上，保持了在手机游戏销售上的优势。

（四）上海其他类型的游戏

1. 单机版游戏

早些年的单机版游戏有来自日本任天堂的插卡式单机游戏，以电视机作为视屏，分成3寸和5寸卡两种，是单人单机游戏，后来因盗版厉害以及网络游戏兴起而被淘汰。1995年前后，欧美以可读光盘为特点的单机版游戏引入中国，以PC机、电视机为显示器，是多人网络游戏。这形成了一个小众市场，持续了很长时间。上海育碧、碧汉、宝开、烛龙等公司在这方面持续引进或开发产品，在全国也有一定影响。

2. 上海的家用机游戏

21世纪以来国内盛行网络游戏的同时，欧美日本市场则以家用游戏机的发展为主战争。微软和索尼通过高新技术生产游戏主机，配以操纵器、头盔（AR技术），通过电视超大屏幕显示和播映，以画质精致的画质、超一流的音响以及宽大的屏幕，给玩家以舒适享受和真实体验。其产品后期主要集中了微软的Xbox和索尼的PS系统。这两套系统均配以丰富多元的产品，同时通过机顶盒也可以进行远程网络多人互动。理论上讲，也是一种网络游戏。当上海ChinaJoy以展示网络游戏为主时，远在美国的E3电子游戏展则以展示和交易家用游戏机为主。

全球原来有任天堂、索尼、微软等主机游戏供应商，产品在 20 世纪 90 年代曾一度通过公开和"水货"渠道进入中国。后来我国停止了这项游戏机的进口和生产。

2014 年中国重新开放主机游戏。此时任天堂已被淘汰，进入中国的产品以微软的 Xbox one 和索尼的 PS4 为主，配以适当的游戏节目。根据中国政府的规定，索尼进入中国与东方明珠合作，微软进入中国与百事通合作。

由于索尼主机在中国售价合理，与海外市场同价均为 2 899 元人民币，有大量的独占游戏搭配，包括《神界：原罪 2》《荒野大镖客》《侠盗猎车手》《血源诅咒》《驾驶俱乐部》等。加上索尼早期 PS1、PS2 在我国已培育了有众多玩家，所以 2015 年 PS4 在中国的销售占据优势，达到了 43 万台 1 700 万份。

由于微软 Xbox 定价高达 3 699 元和 4 299 元，比海外其他国家卖得贵加上独占游戏少，一时只销掉 7—10 万台，而且购买者以留学生和旅居上海人士居多。后来改变策略，2017 年价格与海外拉平，彻底打开海外游戏锁区，情况稍有好转。Xbox 的游戏主要有《最终幻想》《雷曼传奇》《索尼克力量》《古墓丽影》《乐高复仇者联盟》等。

三、上海网络游戏业的几次转折

上一部分，我们从技术、设备的角度，介绍了上海网络游戏业的发展，以及端游、页游、手游主机游戏的更迭和多元并列的发展。

在近 20 年的发展过程中，游戏业沿着内容和功能这条产品线，也有一些重大的变化和进化。

（一）由单机游戏向网络游戏转变

大致发生在 2000 年至 2006 年，上海从以引进任天堂的单机游戏到引进韩国、北美的网络游戏，实现了一次转型。企业及产品从无到有，玩家从无知到有知。虽然只有几年时间，但游戏由于是借助互联网在全国各地同时铺开，与电影、书报刊受到地域空间限制其销售不同，转型迅速之快，在历史上的文化产业中，也未曾有过。上海在这一次的发展中抓住了机会，将游戏移植到互联网上，实现了产品更新，培育了新一代的玩家。

（二）由进口为主向国产为主转变

我国 21 世纪初早期的游戏以进口为主，盛大、九城等企业均如此。通过拿来主义可以多快好省发展起来。比较著名的游戏有《奇迹》《传奇》《魔兽世界》《永恒之塔》《龙之谷》。这和我国科技、工业发展的形态相仿，起先都是引进、模仿生产。以 2004 年为例，上海运营的游戏共 46 款，其中引进 27 款占 58%，内有韩国 22 款，美国 3 款。但是，如果长期让外国游戏占据中国市场，有两个很大的弊端：一是外国游戏一边倒会强化西方文化，弱化民族文化；二是中国游戏界巨大的市场，将被西方企业垄断。中国企业只是运营商、打工仔。所以这个趋势一定要扭转。

2004 年 8 月，国家新闻出版总署发布《关于实施"中国民族网络游戏出版工程"的通知》，提出要用五年时间完成 100 种自主开发的大型民族网络游戏。上海政府及企业积极响应。其次，民族游戏也符合我国玩家的文化欣赏习惯，玩家黏性也很高。在上海最早的国产游戏如《征途》《传奇世界》《英雄年代》《神迹》，都有众多的玩家群，可见人民群众也不是只认西方进口游戏。所以政府政策与人民的需要是相一致的，这就使国产游戏发展很快。

当时对民族游戏的理解和认定还是积极的、宽泛的。不仅仅包括中国团队或中国收购外国团队研发的产品，还包括了内容有中华民族元素的产品。比如三国、剑侠、西游记等，都取之于中国元素。

截至 2019 年，上海国产游戏销售收入已超过进口游戏。上海自主研发游戏 2010 年销售收入为 68.4 亿，比上年增长 41.3%。2015 年 386.4 亿，又增长 29%。2018 年为 593.1 亿，在全国占比 36.1%。

2013 年 12 月，国家新闻出版广电总局给上海局下发《实施国产网络游戏属地试点管理工作》的文件，同意上海直接审批本地研发的国产游戏,这对上海游戏业的发展是巨大支持和推动。上海局加强力量,组成了审读审批机构,加快了工作流程。到 2015 年经上海市新闻出版局批准运营的自主研发游戏共 412 款,已占产品总数的 85.3%,海外引进产品只占 14.7%。这是一个巨大的转折。这样也使上海一地自主研发的民族游戏品种数占到全国的 39.2%。

(三)由进口到出口的转折

长期以来,我国文化在国际上处于相对弱势的地位,所以中央也提出随着我国成为世界商品的出口大国,也要关注文化产品和服务的输出。随着国产游戏品质的提高,数量的增长,以及为了满足海外玩家的需求,上海游戏企业也积极开拓海外市场,在不长的时间内取得了很好的业绩。

2010 年,上海游戏输出海外收入 0.833 亿美元,2015 年 6.95 亿美元,2018 年 15.03 亿美元,增长速度可观。以 2015 年为例,盛大、游族、傲世堂都成为出口海外的主力。其中游族一家海外收入 7.7 亿人民币,增长 137%,推出了页游《傲视天地》、手游《少年三国志》《怪物 X 联盟》《全民奇迹》等出色的产品。2018 年上海出口总额 15 亿元,同比增长 11%。其中移动游戏占比 69%,已在东南亚形成一定市场规模,进而向日本、韩国、欧洲、北美市场发展。

(四)内容由单一的角色扮演类向休闲类等多元化转变

上海早期的游戏主题或内容以角色扮演类网络游戏为主,以吸引年轻男性的需要。这类游戏所有的玩家都存在于一个大的虚拟世界中,用户可以使用不同特点的角色体验虚拟生活,游戏主角通过赢得战斗,完成任务累积一定经验值提升等级,获得金钱和装备,使能力由弱变强,用户融入游戏情节中,视自己角色为游戏故事的一部分。这类游戏打怪、打斗、RK(3D)居多,有刺激性,但也容易隐含凶杀、暴力和色情等不良倾向。

在政府引导下,上海企业比较早地提出健康游戏、绿色游戏的理念,一方面抑制角色扮演类游戏中可能的负面内容,另一方面积极开发休闲娱乐等方面的游戏，满足人民群众多元化、多层次的爱好。

这里特别介绍上海在休闲类网络游戏方面的发展。这类游戏大多采用平台竞技方式进行，游戏以"局"的形式存在，每局参与的玩家相对少，以每"局"的时间为限。这类游戏以娱乐为主，不强调剧情。端游时代，休闲游戏主要是棋牌类游戏，后也出现在页游、手游中。在棋牌外，发展出体育竞技。

应该说，2005年12月《劲舞团》上线，是上海也是我国第一款真正意义上的休闲社交游戏，获得了成功。2006年上海推出的《跑跑卡丁车》，也在很长时间内占据了较大市场份额。上海游戏企业比较早就注意开发和运营休闲娱乐游戏，而且占据获奖产品的半壁江山，起着对行业的引领作用。

（五）运营由单一收费模式转向增值服务多元模式

游戏业在海外的模式都是收费的，上海游戏业发展的初期也是如此。买家大多以购买点卡充值的方式玩游戏。2006年初，盛大旗下主力产品《传奇》结束点卡收费的运营阶段，采取"免费游戏、增值服务收费"的模式向用户开放，开创了网游行业盈利新模式——CSP（come-stay-pay）。其中重要的增值服务是玩家在体验中通过付费购买道具的方式击败对手，而不必以时间和智慧一步一步地取胜。

这一改变，引起游戏界的仿效，致使中国游戏业的收入反而大增，促进了产业化的形成。目前，虽然国内还有收费游戏，但免费模式占了主导地位。

（六）个人娱乐行为转向体育竞技

尽管国家体委早在2003年11月就批准电子竞技为我国正式开展的第99个体育项目，也有一些局部的比赛活动，但是总体上看，并未引起游戏界、体育界的重视，规模也比较小。但从2014年起，全国电竞收入持续上升达226.3亿元，2015年达374.6亿元，2016年达504.6亿元，2017年达730.5亿元，2018年达880亿元。上海2017年电子竞技游戏收入占上海地区游戏总收入683.8亿元的19%，约计129.9亿元。比较成功的竞技游戏是巨人网络的《球球大作战》，此外也运营外省的游戏如《英雄联盟》《王者归来》。[1]

上海最早关注这一领域。2005年就成立了VE电子竞技俱乐部，这也是全国最早的电竞俱乐部之一。2018年已有VE、皇族、IG、EDG等电竞俱乐部12家，位居全国之首。有队员168人。目前已在上海举行多场赛事。

到2018年上海有电竞馆近30家，并尚在持续增长中。此外，更多的游戏企业也纷纷在上海开设体验店或主题店。2017年大陆首家《One Piece航海王》官方商店在上海落户虹桥天地。2017年12月上海首家以主题变化为概念的史克威尔艾尼斯克官方餐厅"SQUARE ENIX CAFÉ"开业。

电竞业观众潜力很大，电竞比赛本身创造了收入模式：观众入场券以及延伸消费、比赛巨额奖金、电视广告收入、各类直播平台、电竞馆的建造或改建等，已是上海游戏业发展新的经济增长点（见图1-2）。

图1-2　2018年，全球电竞大会：上海电竞周

---

[1]　国际统计口径电竞收入一般为我国统计收入的附加部分，即10%左右。

四、上海网络游戏用户、企业和游戏产品分析

企业以及游戏是市场需求的提供方，它们与玩家的相互关系为，玩家有客观需求，会支撑企业的研发和生产积极性；而企业推出优质的新产品，又会刺激玩家需求以及支出的上升。企业是市场的主体，占据了重要的地位。

（一）上海游戏业用户分析

企业、产品、用户和销售量构成了市场的各要素，上海网络业的需求方是用户即玩家。根据统一的标准，用户规模是指互不重叠的、平均每季度至少使用过一次在线网络游戏作品的用户总数量。

上海 2018 年移动游戏用户数量达到 2 380 万，比 2011 年 630 万增长 380%，这也是上海移动游戏销售持续增长的重要原因。

其中 PC 客户端网络游戏用户 1 620 万，比 2011 年 1 310 万增长 20% 以上，占总用户数的 70%，手游和页数用户只占 30%。这也反映出上海在客户端游戏上拥有客户优势。因为上海端游产品开发成熟早，占据了一定的市场，拥有盛趣（原盛大）、巨人、网之易等大型企业。

（二）上海网络游戏企业的数量及结构

进入 21 世纪至今，上海游戏业已走过第 20 个年头。据最新统计，2018 年上海持有网络文化经营许可证的游戏企业有 1 690 余家。其中包括盛趣游戏（原盛大）、巨人网络、三七互娱、游族等多个市值上百亿的游戏企业。这些企业分成两大类：一是网络游戏开发商，指制作、构架、开发网络游戏的企业或团队，主要负责网络游戏的编程、设计、美工、声效、生产及测试等工作，类似于电影业的制片公司；二是网络游戏运营商，指拥有互联网出版资质、通过取得其他游戏开发企业授权网络游戏，以出售游戏时间、游戏道具或相关服务为用户提供增值服务的企业。网络游戏出版运营商也可以一体化运作，同时承担网络游戏的开发和运营工作，以及游戏内置广告（ICA）业务以获得收入。

例如盛趣游戏公司就是大型综合性企业，兼具网络游戏开发商、

运营商和发行商，全面介入端游、页游和手游的研发和运营，有 2 700 多名员工，与社会上两万多名游戏开发商展开合作，在 2011 年游戏营业收入就达 52.8 亿，上线游戏 56 款。2018 年营业收入 81.2 亿元，净利润 22.3 亿元。

例如巨人网络 2004 年 11 月成立时即定位为以网络游戏为起点，集研发、运营、销售于一体的综合性娱乐企业，并于 2007 年 11 月登陆纽约证券交易所。2011 年时已拥有《征途》《征途 2》《万王之王 3》等 15 款上线产品。其中《征途》最高同时在线人数达 210 万。目前共有游戏 50 余款，2018 年营业收入 37.8 亿元，净利润 11.6 亿元。

2018 年中国游戏收入 top50 企业数量地域分别为，北京占 24% 共 12 家，广东占 28% 共 14 家，上海占 18% 共 9 家。包括盛趣、巨人、游族、网之易、三七互娱等企业，也包括近年崛起的二次元游戏企业哔哩哔哩和米哈游。

2018 年末中国上市游戏公司共 195 家，其中北京占 19.6% 约 38 家，广东占 46.2% 约 90 家，上海占 10.6% 约 21 家。上海上市公司主要在国内 A 股占 80.9%，其次在美股占 14.3%，港股占 4.8%。上海比较有名的上市公司为盛趣、巨人、世纪天成、三七互娱、游族、米哈游、哔哩哔哩、跳跃网络。此外，在新三板挂牌的游戏企业中，上海占比 19%，仅次于北京。

在 2019 年这个时段，上海比较优秀的 20 家游戏企业为腾讯上海、网之易、盛趣（原盛大）、巨人、游族、莉莉丝、米哈游、锐战、哔哩哔哩（B 站）、邮通、EA、拳头、上海育碧、恺英、心动、波克城市、三七互娱、完美世界上海、众源、久游等。有一部分是十五年以上的老企业，也有一些是近年涌现的新锐企业。

（三）上海优秀的游戏产品

经过历时十余年的发展，上海目前市场比较活跃、黏性比较高的优秀游戏产品如下：

（1）上海客户端游戏比较优质的新老产品有《传奇世界》《征途》

《劲舞团》《魔兽世界》《蜀门》《龙之谷》《最终幻想14》《反恐精英OL》《跑跑卡丁车》《奇迹Mu》《魔力宝贝》《冒险岛》《仙侠世界》《守望先锋》《永恒之塔》《街头篮球》等16款。可以看到游戏业产品的特点,既有创新,也有对老品牌的不断补充,使之保持长久的生命力。有的产品上线已有十五年以上,还在吸引玩家。

(2)上海网页游戏比较优质的新老产品有《大皇帝》《三十六计》《神仙道》《传奇霸主》《大天使之剑》《女神联盟》《花千骨》《盗墓笔记》《大天神》《传世永恒》《权力的游戏:凛冬将至》《蓝月传奇》《刀剑乱舞》《赛尔号》《摩尔庄园》等15款。由于网页游戏起步较晚,这里大多是十年内新创的产品。

(3)上海手机游戏比较优质的新老产品有《崩坏3》《剑与远征》《剑与家园》《小冰的传奇》《少年三国志2》《明日方舟》《命运冠位指定》《炉石传说》《少女前线》《不朽的乌拉拉》《球球大作战》《传奇世界(手游)》《征途(手游)》《闪耀暖暖》《恋与制作人》等15款。这些游戏大多是近些年随着智能手机出现而开发出来的,是上海游戏重要的收入板块。

上海最早的游戏是以青年白领为对象的,以后又把年龄向两头延长,如淘米的《摩尔庄园》《赛尔号》以儿童为主,另一些休闲游戏以中老年为主,近年也有公司注意到女性的参与。在女性游戏研运体验上,上海已研发和上线了多款代表性产品,包括《恋与制作人》《天天爱消除》等均位列2018年女性充值营业额top20,其中包括叠纸网络(研发总部位于上海)研发的《奇迹暖暖》,游族发行的《刀剑乱舞online》,哔哩哔哩发行的《梦100》《妖精的衣橱》等。现阶段游戏企业涉足女性游戏领域的意愿也在加强,2018年参与这一领域的企业超过100家。女性游戏市场的获取有赖企业对于女性用户特点的研究和产品研发实力的积累。上海未来也会重点发展以女性游戏为代表的优势细分领域,以改变现有产品的结构。

五、上海游戏产业的发展动力

游戏的发展融合了各种因素，是文化娱乐业与科学信息技术、金融业发展、人民的文化需求以及年轻人创新创业诸种要素紧密结合的产物。是多因而非单因的文化新兴产业。

（一）信息科学技术对游戏业的推动

分析上海游戏业的冠名，尤其是 2010 年前成立的游戏企业，大多以计算机公司命名。原因有两个，一是最初从国外引进产品运营的企业，大多落户在科技园区作为信息技术产业发展起来的；二是作为一个文化出版产品，当时还没有纳入管理的范围。而从技术的层面讲，网络游戏对科技要求很高，甚至超过很多科技公司、党政机关所配置的设备、技术条件。为了让游戏更唯美、更快捷、更流畅，游戏的研发和体验需要很好的软件技术和装备，否则网络游戏业无法适应人们的需要。所以是游戏业推动着信息技术发展。另一方面，很多技术研发出来了，需要有人使用，需要机构来实现购买，又是游戏公司优先采购。

事实上，上海网络游戏的玩家，总是最先使用最先进的网络设施和终端，包括美国微软、苹果、惠普等的产品，最先都是游戏玩家不惜重金购买，移动、宽带网络公司最主要的消费群，也是网络游戏玩家，而科研、办公甚至军用的设备，还达不到玩家设备的先进性。所以归纳起来，是技术推动了游戏业一步步地进化，又是玩家的购买力促进了这个时期的技术及设备发展。

（二）文化娱乐业以及版权业的发展需求

人类发明棋牌类游戏已有数百年历史了。电影、唱片引入中国文化娱乐业也有一百多年的历史。电视业引进中国也有四十多年了。这都是文化娱乐业在不断地更新换代。

20 世纪末 21 世纪初，人类社会进入了信息时代，给人们的工作、生活带来了革命性的变化。文化娱乐业也需要求变、求新，因为生产者和消费者都不满足于上百年、几十年的老载体、老产品。这个结合点就产生在娱乐业的游戏与信息时代的网络技术之间。这是一股创新的力量。我们看到创新的成果和节奏越来越快，如果说电影、电视、唱片的成熟需要几十年，网络游戏业仅仅用了十几年的时间，就成熟起来，占据文化市场很高的份额。

从版权和IP（intellectual property，知识财产所有权）需要转移的本质和功能看，文学、美术、戏剧、音乐、舞蹈、摄影、电影、电视，已积累了丰富的品牌资源，从小说到戏剧，到电影，又到电视连续剧，一个版权或者一个IP，可以被不断地延伸，创意者需要寻找新的生命力，这就给游戏很多可以吸纳的元素。传统意义上的版权指作者依法对某一著作物享受的权利。这部作品通过合法途径，可以出版、复制、播放、表演、展览、摄影等形式呈现。版权作品也可以被转化为网络游戏。如2014年盛大文学曾在ChinaJoy期间举办过6部网络作品转化为游戏的著作权拍卖，拍出近2 000万的价格。而IP知识产权的概念比版权还要大，它包括著作权（版权或文学产权），还包括工业产权（也称产业产权）。知识产权或知识财富保护的是人的心智、人的智力创造，它将人的智力成果权，运用在科技、技术、文化、艺术领域。近五年，中国网络游戏界非常重视IP的保护和运用。特别注意把文学和科技成果，或者一个大数据形成的读者群、读者阅读趣向，植入游戏研发中。无数IP的积累被发掘，在很多游戏研发中可以看到它的影子。如《盗墓笔记》就是一个案例。

（三）年轻人追求成功的需求

我国人口众多，人才济济，每个领域都挤满了竞争者。但是传统的政府机关、传媒业、文化业以及金融业，有着严格的行业准入规定，而且形成了一些很难打破的惯性或者陈规，很多有才智的年轻人感到成长空间狭窄。他们需要一些新的空间，这些天地必然在互联网产业或者"互联网＋"的行业。这里是一片蓝海，尤其网络游戏，在15年前还是一片未开垦的处女地，适合年轻人创新、创业。

2014年时，上海市新闻出版局对上海约7万网络游戏从业者做过一些抽样调查，发现大多数游戏公司从业者的平均年龄才二十四五岁，他们的管理层也只有 30 岁左右，甚至与员工相仿。即便经过 15 年至 20 年的发展，相对电影业、出版业、电视业，从业者及管理团队还是保持了年轻人为主的特点。年纪稍大一点的创业者，都自觉地把公司或自己的股份卖给他人，让年轻人（也需要年轻团队）来主持。从上海当时初创公司的管理层面来回顾分析，盛大的陈天桥、九城的朱骏、游族的林奇、莉莉丝的王信文，都是大学毕业不久，有强烈的创业意愿。他们不愿意在传统行业亦步亦趋，他们渴望几年工夫创建企业，打响品牌，一举成名天下知。而网络游戏业是个广大的新空间，可以容纳上万种的产品（中国电影 2019 年一年 800 多部故事片有 609 亿元的营业额，而游戏业在 2018 年已达 2 100 亿元的市场，另说 3 100 亿元）。年轻人总是要到蓝海去发展，事实证明网络游戏是年轻人创业、实现领袖梦和成才梦的广阔天地，可以让他们大有作为。

（四）金融资本的发展需求

在改革开放的时代，创业、社会需求和资本投资三者总是联系在一起、共谋发展的。传统的行业，尤其是国有企业，它的投资一般来于政府或国有银行的贷款，基本建设如公路、机场、高铁，或大型企业电力、钢铁的发展往往如此。其中土地、实物抵押贷款是一个重要的形式。但轻资产的网络游戏业靠什么来拉动呢？除了有年轻创业者的创意和团队以外，他们往往一无所有。

于是天使投资基金、风险投资基金、大公司收购兼并以及上市就是非常重要的资金支持方式。天使基金主要是给刚刚起步的创业者。在这个初创时期，创业者既吃不到任何贷款的"大米饭"，又沾不了风险投资的"维生素"，所以要靠天使基金提供"婴儿奶粉"，助一臂之力。天使基金分成政府公益投资基金和私人投资基金。其重要特点是，创业者如果投资失败，则不需要归还天使基金数额。如上海在 2005 年设立的"上海市大学生科技行业基金"就不以营利为目的，是公益性的创业天使基金，也是培育自主创新企业的"种子基金"，由财政拨付。主要资助毕业 5 年内的大学生、硕士生和博士生。至 2015 年已资助项目 959 个。一般 150 万元的创业公司，创业者筹措 100 万，基金资助 50 万元。三年以后如成功，则收回 50 万元投资；如失败，也不必归还。私人募集的天使基金是民间资本，如"蜜蜂会"就是其中之一。破产不必归还，但成功的企业，私人资本将按协议收回投资或占有股权。天使基金不参与企业的经营和管理。上海近 2 000 家游戏公司，很多大学生创业得到过天使基金的资助。

天使基金也是一种风险投资基金，但资本少、力度小。在成长阶段，需要加大投资力度时，则主要依靠更为强大的风险投资基金。

风险投资也是一种创业投资，是向初创业者提供资金支持并获得该公司股份的一种融资方式。风险投资是私人股权投资的方式，本身是专业的金融机构，由一批具有科技、财务知识及管理经验的人组成，一般投向创新事业或某企业未上市之前。但不以经营被投资公司为目的，仅以协助被投资公司获取更大的利润为目的，追求长期利润和高风险、高报酬的事业。它的特点是投资的不确定性和高回报，故称风险投资。如美国的红杉资本成立了红杉中国基金，2005 年 9 月投资了 500 余家企业，其中科技和传媒位居四大领域首位，包括分众传媒、阿里巴巴、爱奇艺、新浪、360、达达 - 京东到家、依园科技等。软银中国资本成立于 2000 年，投资了阿里巴巴、淘宝、分众传媒、盛大游戏等企业。截至 2019 年 6 月底，我国共有各类公募基金 5 983 只，13.46 万亿元。截至 2019 年 4 月中国有私募基金（即以非公开方式向少数机构投资或募集资金而设立的基金）共 8 927 家近 13 万亿元，其中 1 000—5 000 万人民币的有 2 432 家占 27.24%。私募基金以投资证券和房地产居多，也部分投向文化创意产业和科创版块。

在获得风险投资 A 轮、B 轮或 C 轮投资以后，游戏公司和投资公司一般确定以上市为目标，达到目标时，创业者和投资公司才会达到预期，有的风险投资因为占有原始股票，上市后实现了溢价，得到丰厚的回报，软银投资盛大和阿里巴巴，都是极为成功的案例。

以上海游戏业的案例来分析，可以看到，盛大游戏于2003年3月获得软银投资4 000万美元，2004年5月在美国纳斯达克上市募集资金1.53亿美金，此后利润持续上升。投资人有丰厚回报。盛大有了资金大发展，包括收购起点中文网成立盛大文学，收购很多游戏创意团队。如2005年12月收购休闲游戏"游戏茶苑"100%股权；2007年7月收购成都锦天科技，该公司拥有《风云Online》和《传说Online》等产品。2008年7月成立盛大文学，又收购了红袖添香、晋江文学、榕树下等网络文学，成为全球最大的中文阅读网站。2008年10月出资1 000万参股深圳悠游，开发3D游戏，同日出资1 000万参股厦门联手这一网络游戏的研发团队，12月投资维莱信息、上海猜趣起，2009年盛大游戏单独上市，募集资金7.88亿美元。同时11月，新加坡政府投资公司收购盛大游戏5.4%的股份，市值约为4 700万美元。2010年盛大游戏以8 000万美元收购美国Mochi Media游戏开发和运营商，同时又拥有了完善的游戏内置广告和在线支付的网络体系。2010年9月，盛大游戏以9 500万美元收购韩国游戏开发商Eyedenfity Games，获得这家成立于2007年的优质公司并拥有《龙之谷》的经营权和全部收益。2011年1月，盛大将旗下的边锋网络和浩方游戏以自筹和募集35亿出售给浙报传媒。2015年3月盛大文学与腾讯文学合并成立阅文集团。4月，签署盛大游戏私有化协议，凯德集团以每股3.55美元收购盛大游戏，估值19亿美元。2015年6月，世纪华通以64亿收购盛大游戏43%的股份。2017年7月盛大游戏以8.11亿美元收购天津盛学和上海盛展两大游戏运营公司。以上可见盛大网络和盛大游戏的成功，就是不断地借助金融手段，不断地募资、出售股权，又不断地收购其他公司。2019年盛趣游戏（被世纪华通收购后改为世纪华通）营业收入151亿，利润33.34亿。

巨人网络于2004年11月在上海成立。2006年第一款游戏《征途》同时在线突破68万。2007年11月1日在美国纽约交易所成功上市，发行价15.5美元，融资8.87亿美元约合人民币73.4亿元，市值达到

50多亿美元约合415亿人民币。2009年1月,巨人推出首个天使投资计划名为"赢在巨人",旨在帮助那些创意丰富、才华出众但尚不具备独立创业条件的年轻人,向他们提供资金、技术、团队补充、全国推广运营等全方位支持。一旦项目成功,创业团队可获30%的利润分成。5月,巨人实行研发子公司改革,把团队改为子公司,团队获49%的股份,母公司占股51%,让创业者及子公司团队拥有独立的财权和用人权,不受母公司干涉。2011年10月,巨人成立"海外运营中心"。2015年11月,巨人以131亿正式借壳世纪游轮,世纪游轮购买巨人100%的股权,成功成为美股转A股的首家游戏企业。2016年7月巨人网络等财团以4亿美元收购凯撒旗下休闲社交游戏业务。2017年4月与合作伙伴共同出资5000万元设立杭州巨人新进创业投资中心,扶持大学生创业。7月巨人网络以3亿元设立蔷薇控股。2018年巨人网络首届48小时游戏创新大赛举办。2019年巨人网络营业收入25.69亿,股东净利润8.3亿。

这里再介绍一下后起的游族如何借助金融手段做大做强的。游族由林奇等三位大学毕业生创办于2009年6月,以页游、手游等轻游戏为主起家。他们借助少量注册资金起步后,2012年2月上线《七十二变》武侠2.5D RPG网络游戏,采用中式卡通画面,以"变幻战斗"为核心策略,以"竞技场"为载体玩转竞技。游戏中用户扮演取经第五人,协同唐僧师徒重取真经。2012年9月游族自主研发游戏《大将军》,是一款支持多人对战的三国题材策略类页游。2013年7月页游《女神联盟》正式发行,是一款2D角色扮演类游戏。2013年10月游族借壳A股上市公司梅花伞成为首家国内网页游戏公司成功上市,净利润5.5亿,市值213亿,筹得资金6.96亿元。借助融资研发产品《大皇帝》《盗墓笔记》《魔法天堂》《射雕英雄传》《战龙兵团》等。坚持内生增长与外延扩张并举的政策,收购全球最大的移动开发服务平台MOB,覆盖全球80亿移动设备,通过与Google、Facebook、阿里巴巴的战略合作,采用"产业链+孵化+投资"的运营思路布局泛娱乐产业,为早期创业团队提供多维创业服务。2018 年度实现营业收入 35.81 亿元，净利润 10.09 亿元。成为上海继盛大、巨人以后的品牌游戏企业。

以上三个案例告诉我们创业者怎么募集资金直达上市，又如何通过企业兼并、重组，发行天使基金、风险投资基金去扶植创新企业发展。这些案例说明了资本要找项目，项目也需要资金。网络游戏业就是这样互动发展起来的。

六、上海为什么成为我国游戏业的高地

上海是我国当代网络游戏产业的发祥地。在 21 世纪初引进日本、欧美的单机版游戏和引进网络游戏都从上海这一口岸登陆，由上海波及全国。2010 年以后，北京和广东尤其是深圳的网络游戏业崛起，出现了腾讯、网易、完美世界这样的游戏巨头，使上海的份额逐年下降，面临新的压力和挑战。但综合起来看，上海还有 700 多亿元的市场分量，100 多亿元的出口份额，以及 ChinaJoy 展会等的综合优势，还是我国的产业高地之一，与北京、深圳形成三足鼎立之势。近二十年的发展说明这是有内在逻辑的：

（一）城市的综合优势和互联网的条件

改革开放以来，上海是中国的工业中心、贸易中心、航运中心和金融中心。党的十八大以后，又定位为我国的科创中心和国际文化大都市。上海与北京的古老历史相比，是比较现代化的；与年轻的深圳相比，又有上百年的城市积淀和文化底蕴。六个功能定位，显示出它的综合优势。这对于发展网络游戏业，对于未来走向国际和海外市场，是极为有利的。因为网络游戏的发展所需要的文化艺术、互联网技术和金融产业的条件，上海在这三个方面都占据优势。与网络游戏最相关的唱片业和电影业，正是从上海引进而形成中心的。上海是民国时期中国的出版业、电影业、音像业、报刊业的中心。新中国时期的文化重镇，改革开放时期的前沿阵地。这为网络游戏的发展提供了极好的文化背景。

上海又是我国互联网技术、人才、装备先进的城市，宽带、服务器、电信都是一流的。上海也是我国当代的金融中心，是上证交易所的所在地。

（二）上海的人才优势

上海也是我国近代的教育中心。新中国建立以后，高校、名校数量仅次于北京。目前有高等院校 64 所，年毕业生数 17.8 万人。同时还有很多海外毕业生回沪工作。外省优秀人才也喜欢来上海就业。所以，上海网络游戏业有丰富的人才资源。上海游戏界领军人物，早期的除陈天桥、朱骏、王子杰、张釜锋是本地人外，大量的创业者如史玉柱、林奇、季学锋、刘伟、吴文辉等都来自其他地区。上海以海纳百川、敢为人先的气魄广纳人才，积聚力量，把游戏业发展起来。

（三）政府及政策支持

在中央政府的领导下，上海出版、文化等行政管理机构对网络游戏产业的发展所起的作用集中在两个方面，即加强管理，促进发展。

加强管理，指根据国家《出版管理条例》以及《网络出版管理条例》制定的游戏管理办法，对在上海设立游戏出版、运营机构实现批准制度，发放许可证；对游戏产品建立起严格的内容审查制度以及发放版号；对游戏从业人员进行上岗培训和教育。对优秀企业和产品实施奖励，对出版、运营中出现的违规行为依法依规教育和处理。同时出台文件，积极鼓励开发民族游戏，制定游戏防沉迷规定，督促游戏公司抑制游戏的负面效应。确保了上海游戏业发展，没有偏离政策法规和道德标准。近年还成立上海游戏业协会，鼓励协会加强行业自律。

促进发展，就是以政策推动游戏产业在上海做大做强，形成产业高地、出口基地。除了文件政策，还有相应的经济和土地的支持措施。如 2010 年 3 月新闻出版总署联合九部委发布《关于金融支持文化产业振兴和繁荣发展的指导意见》，鼓励加大信贷投放，促进有条件的企业上市融资。2012 年 7 月上海市新闻出版局出台《上海市动漫游戏产业发展扶持奖励办法》，2010 年上海市政府办公厅印发《关于促进数字出版产业发展的若干意见》，2013 年 12 月国家新闻出版广电总局发布《关于实施国产网络游戏属地管理试点的通知》，同意上海占 85% 的国产游戏由上海局审查批准运营，为在上海注册的游戏公司缩短了 50% 的时间，即由一般 6 个月减为 3 个月，加速了企业游戏的上线运营速度，让他们尽快回笼投资资金。2017 年 7 月，上海网络游戏出版管理申报服务平台正式启动，同时给中小企业以税收优惠、资金扶持等帮助。

2017 年 12 月，上海市出台《关于加快本市文化创意产业创新发展的若干意见》（简称 50 条），把游戏动漫业列为上海重点发展的文化产业。2018 年 11 月，上海推出《上海市电子竞技运动员注册管理办法（试行）》，拟以电子竞技带动游戏业持续发展。

上海还不断加强游戏版权保护，打击私服外挂、剽窃等侵权行为，保护了企业发展的正常权益。

（四）创意园区的设立助推游戏产业

20 世纪 80 年代上海率先发起建设漕河泾高科技开发区，后又建设更大规模的张江高科技园区。这些园区因为网络与传统文化结合，出现了游戏、动漫产品和创意企业，就又兼具了文化创意园区的功能，被授予国家数字出版基地。巨人、游族、莉莉丝、百事通设在漕河泾，盛大、九城、网之易设在张江高科技园区。有的园区内又设文化控股投资公司，专管文化项目的植入、扶持与发展。

进入新世纪，各区又将区级文化创意园嫁接到高新开发区内，在上海一下子形成了十余个文化创意园区。包括闵行紫竹园区、嘉定南翔园区、虹口园区、卢湾 8 号桥园区、闸北珠江产业园区、普陀天地园区等地，都积聚了很多游戏公司。

除张江、漕河泾两大龙头以外，这些园区也给予土地、租金、税收及人才政策等的优惠，又加上很好的服务和上海游戏业的发展环境，吸引了很多创业公司，对上海持续形成游戏产业高地以有力的支撑。

（五）ChinaJoy 游戏展的助推作用

2004 年 10 月，由国家新闻出版总署与上海市人民政府共同主办的 ChinaJoy 即中国国际数码互动娱乐产品及技术应用展览会在上海新国际展览中心举办，获得了成功，宣布永久落户上海。这个游戏展先是发展成为中国最大最重要的游戏展。2013 年宣布为世界第二、亚洲第一的展会。随着规模的进一步扩大和品质的提高，近年已位居世界第一。

ChinaJoy 2004 年参展商 140 家，2018 年 1 025 家，其中海外企业 352 家。2004 年展出游戏 167 款，2018 年 4 500 余款。2004 年观众人数 6.1 万，2018 年 35.5 万人。展览面积也从最初的 2 万平方米到 2018 年的 17 万平方米。成熟期的展会包括三个部分：一是 B to C 互动区。向玩家提供数千款游戏、几千台游戏体验区以及各种娱乐活动，让玩家参与和互动。包括 Cosplay 游戏动漫角色扮演嘉年华表演和竞赛。二是 B to B 综合商务洽谈会。2018 年已有 4 个展厅 4 万平方米，640 多家企业（含外商 350 家），携产品洽谈合作和交易，达成意向商务合作 850 多项，意向产品 1 600 多款，交易额达 5 亿多美元。很多中国游戏通过这一平台走向国际。三是高峰论坛以及相关会议。会议持续三到四天。以 2014 年为例，就有 9 个场馆 200 多位嘉宾到场演讲，很多新理念、新技术、新方法在此地公布以及交流。历年展会保留的环节有高峰论坛、游戏开发者大会、游戏商务大会、世界移动游戏大会以及全球娱乐合作大会。吸引了众多专业人士和 1 000 多家媒体前来报道。

正是由于 ChinaJoy 扎根在上海并持续发展，使上海作为中国的游戏产业高地有了强大的基础。

七、发展网络游戏业的益处与弊端

2005 年 4 月 20 日，上海《新民晚报》曾刊发《勿将网游"妖魔化"——上海市新闻出版局副局长祝君波一席说》，说据 IDG 统计，去年上海互动娱乐产业营销收入约 25 亿元，并以 1：11 的比例带动 270 亿的相关产业。对于占全国网络游戏产业四分之三的上海企业来说，网游已成为上海发展最快的产业之一。

文章引用祝君波在"绿色网游伴你行"座谈会上的讲话，"网游既不是天使，也不是魔鬼，这是一个比较中性的事物。"根据该局主持的《上海网络游戏出版产业报告》，网络游戏有五项积极意义，并存在两个负面问题。该项研究认为，网游在①满足人们的文化娱乐需求，②推进信息技术产业发展，③引发青少年对科技的兴趣，④推动相关产业和促进就业等方面，具有积极意义。而网游的负面影响主要是一些非法运营的"地下游戏"造成的，同时网络的吸引力客观上导致少数青少年为此影响学业。该报道还说政府加强审读、监管以后，正版网络的内容质量会大大提高，对"绿色游戏"和"民族游戏"的倡导，将会突破海外集团一统天下的局面。

15年过去了，我们以上的预判大致符合发展实际。现根据上海地区的情况归纳如下：

（一）满足人民群众文化娱乐的需求

娱乐是人类不可或缺的休闲方式，从古代休闲小说、说唱文学，发展到近代报刊图书、唱片、电视、电影、体育等各种形式，都在不断地满足人民的需求。传统、简单的样式，总要被新颖的方式所更替。截至2018年，全国有5.83亿游戏玩家，有数千款的线上游戏，反映了网络游戏受欢迎的程度。网络游戏可以满足人们的交流需求、娱乐需求、体验需求、创造需求和审美需求。甚至据研究，人们在游戏这一虚拟世界中的行为，实现了他们在现实生活中做不到的事情，在一定程度上释放了他们的冲动、梦想和欲望，减少了现实社会中的暴力行为。而益智类休闲类游戏还有助于人的智力开发和预防衰老，有更积极的意义。巨人集团开发的《光荣使命》供军队官兵使用，对他们提高军事技术、丰富业余生活也有帮助，受到军队的欢迎。

（二）拉动文化产业，实现结构性调整

自21世纪初以来，新兴的网络游戏发展弥补了传统文化产业的衰

弱，在产业经营方面给予了弥补。比如唱片等音响业几乎消亡；图书报刊业营收在下降；前些年强势的电视业也开始大幅度滑坡，其广告由 2014 年 1 278.5 亿元下降到 2018 年 958.8 亿元，趋势在逐年下降。传统文化各门类几乎没有好消息。唯有网络游戏业是从 0 增长到 2 200 亿元的营业收入，上海是从 0 到 700 多亿元的收入。从国家总体看，完成了文化产业的结构调整和新老交替。从全球看，美国、欧洲，以及亚洲重视国民文化教育的韩国、日本，都在国家层面大力支持网络游戏产业。

我国游戏业的发展还弥补了门户网站等互联网行业的亏损。腾讯、网易当时作为新闻机构没有收入，广告也有限。后来发展游戏业务，才生存下来。

（三）解决了部分年轻人的就业和创业

社会就业是每个国家都极为重视的问题，充分就业是社会文明的重要指标。我国实现科教兴国战略以来，高校扩招，每年有大量的毕业生需要安排。现在传统国有的文化机构，以前是安排中高层次大学生、硕士生的主要地方。如出版社、杂志社、报社、电视台是毕业生理想的去处，近年来这些机构在大幅减少录用年轻人。而网络游戏机构，变成了一个大幅度的增量。高校毕业的大量的软件工程师、美术设计师，以及其他专业技术、管理人才，都被吸纳进来。比如研发策划人员、软件工程师、原画师、客服人员以及公司的管理层。全国互联网从业人员 2016 年为 1 677.2 万人，上海约为 132.1 万，占 7.8%。估计 2005 年全国游戏从业人数才超过 1.3 万人，2019 年达 60 余万人。上海 2005 年从业人数 5 000 多人，2014 年 7 万余人，2019 年约 15.7 万人，例如盛趣 4 000 多人，巨人 1 650 多人，游族 2 100 多人，莉莉丝 850 余人。据有关部门的统计，我国 IT 产业新增岗位的 30% 来自网络游戏。更重要的是，它已成为"大众创业、万众创新"的重要目标行业。培养出了很多优秀的 IT 产业的领军人才、技术人才和创业人才。

（四）带动相关产业的发展和融合

文化娱乐业在历史上有两个门类对科技、设备等相关产业拉动最大。一是音像业，在20世纪二三十年代和80年代至21世纪初，影响最大。唱片业的兴起给留声机和唱片制造业带来巨大的机会。80年由海外引进的歌曲卡带、学习语言卡带、CD、VCD、DVD、LD等载体以及播放设备，引起制造业的大变革，几乎家家都有录音机、录像机等播放设备，而且设备价格不菲。除了产业变革这种娱乐形式，还改变了人们的生活方式，对国家经济发展贡献巨大。

再一个就是正在发展过程中的网络游戏业。2005年，中国游戏和计算机相关产业收入比例为1∶11。这是一个短暂的特殊时期。即网络游戏界收入1万元，相关产业销售收入11万元。当时上海25余亿元的网络营业收入，相关产业收入是278亿元。但国际上较为普遍的是，网游与相关产业的收入比例是1∶8或1∶9。相关产业主要分布在两大类：一是计算机软件业。游戏对软件的要求很高，超过很多科研单位、制造业的需要，拉动作用很大。二是硬件设备。需要高级别的电脑和平板电脑、手机等，还要经常更新。很多年轻人不断进行手机升级，不是为了与人通信方便，而是为了玩游戏。全国2019年4月底共有12.9亿手机用户，6.67亿台电脑浏览器，其中游戏玩家6.4亿，为了玩游戏加速了他们的产品更新。更不要说豪华的家用机，往往配以高级的家庭影院和优质的音像设备。

三是电信业。2019年我国电信业收入1.3万亿元，因为玩游戏的时间长，依存度高，电信业的可观收入相当部分来自游戏。

四是周边产业。比如广告业、图书、音像、玩具、文具、食品、服装、会展。如2018年上海网吧产业领域有1 700家持证经营店，1 700万PC网络游戏用户有效地推动了上海网吧业的发展。借助于此，上海也诞生了"网点网咖"这样的连锁网吧品牌，2017年门店超过1 000家，会员总数超1 100万人。在VR领域，上海也有体验馆40家，全国排名第一。

如果以 1：5 来推算，2018 年我国游戏业营业收入 2 144 亿元，则相关产业收入 10 720 亿元。上海 2018 年网络游戏业 712.6 亿元，则对相关产业贡献要达到 3 560 亿元。这是不可忽视的因素。为什么世界各国都在支持网络游戏业发展，这也是重要的原因之一。

（五）平衡我国文化产品贸易的逆差

长期以来，我国的文化产品是进大于出。这既是生意上的吃亏，也是文化上的弱势。随着国产游戏在品质和数量上的提升，我国现在也是世界上重要的游戏出口国。2018 年中国游戏海外收入 95.9 亿美元，约合 661.8 亿人民币。2019 年，上海游戏出口收入 15.03 亿美元，约合人民币 103.7 亿。远远超过了其他所有文化产品包括电影的出口总额。目前，我国各大游戏公司已在海外设立分公司或机构，专营网络游戏的进出口业务。除了给海外华人提供产品，也将很多产品译转外文版输出。

（六）加强管理，降低游戏业负面影响

网络游戏业的弊端：一是玩家在持续玩乐的过程中可能不能自控，影响学习、工作以及休息。早期有的年轻人在网吧通宵达旦地玩，出现不良健康状况。尤其是对未成年人的学习影响很大。尽管已要求各游戏公司安装防沉迷系统，但并未根本解决这一问题。需要社会和家长加以关注和管教。二是游戏产品在我国上线前是经过政府以及游戏专家严格审查的，一般没有违规的内容。但游戏的生命力很强，持续一二十年。有的游戏公司在产品升级时，可能植入暴力、色情和赌博等内容，给玩家带来负面影响。这是违规的。政府部门应该加强事中、事后的监管，游戏公司也应严格自律，不能为了多赚钱而降低游戏质量。

目前，社会和家长一直很关心游戏业发展中的弊端，但在各级政府加强管理、游戏行业协会加强行业规范、游戏企业加强自律的条件下，我们可以将游戏业的危害性降到最低。在本文前述的基础上，在此再作如下归纳：

（1）加强管理，提高质量，减少总量。有一段时间，我国年新出

游戏的品种达一万余种，层次各异，经过政府宏观调控，加强审读和质量把关，目前游戏业的品种总量已大幅度下降，一些品质不高的游戏不能上线，大大提高了新出游戏的总体质量。

（2）加强对上线游戏内容的审读把关，杜绝凶杀、暴力、色情、赌博等内容的出现，净化了游戏业的文化环境。同时加强事中、事后监管，对老游戏运营中的内容修改和补充也进行跟踪了解，及时提醒企业坚守文化底线，对玩家高度负责。

上海文化执法部门加强对网络游戏部门的监管和执法。2018年，对上海某公司提供含有违背社会公德的网络游戏产品和服务作出罚款人民币10 000元的行政处罚；2019年4月，对上海某公司某款游戏内存在宣扬暴力的网络游戏产品和服务的违法行为作出罚款人民币10 000元的行政处罚。这对上海网络游戏业的健康发展起到了积极效果。

（3）制定各项奖励政策，促进民族游戏的发展以及品质的提高。十余年来，我国企业研发或具有中华文化元素的游戏，已占90%以上。其中2004—2008年5月内开发的100款中华民族网络游戏，正在发生基础性作用。上海的《光荣使命》《赛尔号》《摩尔庄园》《黑猫警长》《七魄》《武林神话》《传奇永恒》等都深受玩家和家长欢迎，获得国家评选机构的首肯。

（4）强力推行游戏防沉迷系统，限制玩家连续上网的时间，确保休息以及身心健康，减少游戏对工作、学习、健康的干扰。游戏与书籍阅读、影视观看的不同之处，在于玩家容易上瘾造成健康损害和心灵创伤，尤其对未成年人负面影响更甚。

我国政府在2010年前后大力推广限制游戏玩家连续性玩耍的时间，起到了积极作用。主要做法是游戏公司在设计的游戏中植入软件，设定时限，超时者无法打开游戏持续玩耍。二是在充值端口加以限制。超时者无法充入钱款，起到自动关机的作用。

近年，将这一技术成果从计算机移植到移动手机，强制游戏企业和运营商履行，对违反者由政府追究责任。

（5）对上线游戏实行"适龄提示"，即对游戏进行分级，很多游戏标明不适合儿童、青少年观看。保证青少年有时间学习、休息。这一方式正在通过游戏行业协会等组织加以落实。

（6）其他的相关措施。目前政府、社会、协会组织等方面，非常关注促进游戏业发展，同时抑制其弊端，使网络游戏为文化事业、社会就业、互联网产业发展服务。大家都在关注其中的问题，研究对策，随时加以纠正。我们相信，根据中国国情，能够做到保持游戏业健康稳定的持续发展。

我国是一个人口大国，人民既需要知识文化，也需要文化娱乐。这是一种内在需求。而由技术和文化艺术结合的创新，也会持续地向需求方提供产品和服务。这将给网络游戏产业以广阔的发展空间。展望未来，在党和政府的文化政策指导下，随着法制的健全，游戏企业自律的加强，这个行业一定会充满活力而又健康地发展。对此，我们应该充满信心。

（祝君波）

（注：本章借鉴了伽马数据历年的《上海游戏出版产业报告》等文献，原上海市新闻出版局科技与数字出版处的同志协助提供资料，在此表示感谢！）

第二章

盛大网络的传奇

根据荷兰游戏行业市场研究机构 Newzoo 发布的 2015 年世界主要游戏公司收入上半年排名，腾讯、微软、索尼排名前三，进入前十的公司还有艺电（EA）、动视暴雪、苹果、谷歌、网易、华纳兄弟和 King。在前十的公司中，美国占据了 7 家，中国 2 家，日本 1 家，反映了在世界游戏产业版图上，美国仍然雄踞霸主地位。中国的腾讯公司则以 42.4 亿美元的半年收入排名第一。

江山代有才人出，各领风骚"三五"年。在这份榜单中，中国游戏业的昔日巨头——上海盛大网络早已不见了踪影。但提起中国网络游戏产业，陈天桥一手缔造的上海盛大网络发展有限公司是一家无法绕过的企业。曾几何时，陈天桥和他的盛大网络就是中国网络游戏产业的标志和象征。时过境迁，群雄并起，虽然盛大网络不再一枝独秀，在国内的市场份额也有了一定的下降，但陈天桥和他的盛大网络曾经凭借其对国内网络游戏产业的深刻的理解和把握以及时常让人眼前一亮的经营理念，不断创新、追求卓越，敢于尝试、敢于冒险，尤其在 2000 年前后互联网泡沫破裂之时，率先引进韩国游戏产品，史无前例地开启了互联网服务的收费模式，开创了中国网络游戏业的先河，在中国游戏产业史上写下了浓墨重彩的一笔。

一、辉煌成就

上海盛大网络发展有限公司成立于 1999 年 11 月，是推动中国互动娱乐产业发展的领军企业，致力于通过互联网为用户提供多元化的娱乐服务。经过多年的发展，盛大网络一度发展成为集互动娱乐产品开发、运营、销售为一体，涉足周边产品、出版物，形成立体化品牌经营的集团化企业。盛大致力于建设互动娱乐平台，以信息技术传承中华文化，全力打造服务的盛大、娱乐的盛大、文化的盛大。

盛大网络不断发现与满足用户的普遍娱乐需求，向用户提供包括大型多人在线角色扮演游戏（MMORPG）、休闲游戏、棋牌游戏、对战游戏、无线游戏（手机游戏）、动漫、文学、音乐等在内的适合不同年龄层次用户群的互动娱乐产品，深受广大用户的欢迎。盛大全力进行互动娱乐产品的自主研发，有研发人员将近千人，分布在美国、日本、韩国以及国内的上海、杭州、深圳、成都、北京等地，研发覆盖从武侠、教育、生活到科幻的多种内容类型的互动娱乐产品，促使中国互动娱乐产业实现质的飞跃。

2008 年前后，盛大网络就建立了包括产品测评、管理、销售和客户服务在内的世界级互动娱乐运营体系。在中国大陆 24 个省 65 个中心城市架设了总数超过一万五千台服务器，总容量允许 660 万用户同时在线。在全国拥有超过 54GB 独享带宽，分布在 117 个城市，并拥有遍布全国所有省市的超过 40 万家的线上、线下销售终端。盛大还拥有数百万的银行卡付费用户以及一套完善的计费系统，构成了盛大覆盖全国的销售和支付网络。盛大网络的服务系统也十分健全，盛大的呼叫中心（Call Center）拥有约 400 位训练有素的客服人员，可以通过 8 种不同的途径，提供全天候的专业客户服务。在营销渠道上，盛大集合了更多有效的方式，比如与百事、惠普、英特尔等国际知名品牌联手投入跨行业的市场推广，参加包括中国国际数码互动娱乐及技术应用展览会（ChinaJoy）、CS 数码精品博览会、中国国际网络文化博览会、中国国际通信设备技术展览会在内的近 20 个大中型展会等。所有这些数字，均创造了世界网络游戏企业的新纪录。盛大网络曾经是全球用户规模最大、收益额位居前列的互动娱乐企业，被誉为"中国网络游戏之王"。

盛大网络致力于蓝海型市场的开拓，"创新、沟通、乐趣"是企业的文化所在。自 2005 年末开始实施战略转型以来，盛大网络已经在各个方面取得了可喜的成绩，主营业务继续巩固，盛大易宝家庭战略取得了长足的进展，内部管理与建设到达了新的水准，整个公司跃上了稳健增长的发展平台，并继续保持着行业领头羊的地位和示范作用。

此外，在网络游戏商业模式方面，盛大网络也形成了自己的发展思路：从最初的E-sales系统成功营造了互联网赢利的新模式，到根据网络游戏环境现状开始的增值服务收费的Shopping Mall模式，盛大网络一直以创新的思维巩固自己作为行业领军者的地位。其中盛大网络的E-sales电子商务系统与网络游戏可以说是一个完美的结合，它成功地解决了困扰所有网络游戏产业中的物流、信息流、资金流问题，是盛大网络对中国游戏产业所作的又一重大贡献。

2004年5月，盛大网络在纳斯达克上市后，其经营业绩也迎来了爆发式增长。2004年后三个季度实现总营收11.2亿元。2005年全年实现总营收18.9亿元，占了全国网络游戏市场份额的半壁江山。由于商业模式的主动求变，2006年全年总营收回落到16.4亿元，仍然占全国市场份额的25%。2006年第四季度财务报表显示，盛大的净营业收入为4.71亿元人民币（6 030万美元），较去年同期增长30.5%，较上季度增长7.7%，并且在免费模式发力下，成功返回了网络游戏市场份额第一的位置。至此，新模式下的盛大网络已经进入了一个新的业绩上升的通道，实现了业绩规模化和持续化的发展，其酝酿两年的业务转型正式宣告成功。2007年前三季度，盛大的运营业绩可谓芝麻开花节节高，净营业收入分别为5.32亿元、5.64亿元和6.56亿元，均达到了或超过了公司的增长预期。2007年盛大第四季度总净营收为人民币7.142亿元（约合9 780万美元），比上一季度增长8.8%，同比增长51.8%，超过公司此前预期的比上一季度增长4%到7%的高端；全年实现总营收24.6亿元，首次突破了20亿元大关，占全国网络游戏市场份额的23%。2008—2010年连续三年，盛大网络的运营业绩扶摇直上，分别达到了35.7亿元、52.4亿元和56.1亿元。2011年前三季度盛大网络实现营收51.1亿元，达到了巅峰。2012年，盛大网络完成了私有化进程，从美国市场退市。

二、发展历程

1999 年 11 月，26 岁的陈天桥在浦东新区科学院专家楼里的一套三室一厅的屋子里用 50 万元创办了上海盛大网络发展有限公司，并推出中国第一个图形化网络虚拟社区游戏"网络归谷"。2001 年，陈天桥以 30 万美金获取了韩国 Actoz 游戏《传奇Ⅱ》在中国的独家代理权，盛大网络正式进军在线游戏运营市场，开启大型网络游戏《传奇Ⅱ》公开测试序幕，并在正式上市后，迅速登上各软件销售排行榜首，也创下最高同时在线人数突破 60 万人的纪录。2003 年，盛大网络开始在代理游戏的基础上，实践起网络游戏的自主研发，3 月，投资成立上海盛品网络发展有限公司，10 月，投资成立上海盛锦软件开发有限公司，均致力于网络游戏开发。2003 年 7 月，由盛大网络自主研发的第一款大型在线网络游戏《传奇世界》开始公开测试，并于 9 月正式收费运营。2003 年 9 月，盛大网络所有游戏的最高同时在线人数突破 100 万，刷新了自己保持的世界纪录。此外，盛大网络还正式推出网络游戏平台一体化的短信增值服务，以及开通电子支付业务，促进了互动娱乐电子商务的新发展。而自 2004 年 1 月以来，盛大开始发起一系列收购。1 月，收购全球领先网络游戏引擎核心技术开发企业之一美国 ZONA 公司，之后接连收购了中国最大的在线对战游戏平台运营商——上海浩方在线信息技术有限公司、中国领先的棋牌休闲游戏开发运营商——杭州边锋软件技术有限公司、中国领先原创娱乐文学门户网站——起点中文网、国内领先休闲游戏平台"游戏茶苑"等，朝着建设一个互动娱乐平台并为用户提供多元化的娱乐服务打下了扎实的基础。2004 年 5 月 13 日，盛大网络在美国纳斯达克股票市场成功上市，发行股票 13 854 487ADS 股，每股发行价 11.00 美元，共募集资金 1.52 亿美元，陈天桥本人也登上了 2004 年度胡润中国百富榜的榜眼位置。2004 年 12 月，盛大网络运营的《泡泡堂》最高同时在线用户突破 70 万，创造了世界大型休闲网络游戏运营新纪录。2004 年 11 月，盛大网络宣布收购韩国 Actoz 公司控股权。2005 年 2 月，盛大网络宣布持有国内最大的门户网站新浪（NASDAQ:SINA）19.5％的股份。2005 年 2 月，盛大自主研发并运营的《传奇世界》最高同时在线人数突破 50 万。2005 年 7 月，南京盛大网络发展有限公司正式揭牌成立，意在打造中国第一的专业游戏、软件测评基地。2005 年 8 月，盛大网络首款自主研发的 3D 休闲类游戏《三国豪侠传》在京发布。2005 年 9 月，盛大网络游戏特许授权经营授牌仪式暨新闻发布会在京召开。2006 年 2 月，盛大网络宣布将在中国大陆地区独家代理运营韩国 NHN Games 的游戏《霸王大陆》（"ArchLord"）；2006 年 10 月，同领先的网络游戏开发商中娱在线网络科技有限公司签署了精品原创网络游戏《乱武天下》的代理协议，取得这款 3D 高品质休闲游戏除中国香港和中国台湾之外的全球独家运营权。2007 年 2 月与韩国领先的网络游戏开发商 Actoz 共同宣布，在中国大陆联合推出由 Actoz 研发的大型时尚网络游戏《彩虹岛 Online》（韩文名"Latale"）。2007 年 3 月宣布，获得韩国唯美德娱乐有限公司开发的 3D 大型网络游戏《苍天》在中国大陆的独家运营权。2007 年 3 月，盛大向旗下全资子公司——上海玄霆娱乐信息科技有限公司增加 1 亿元注册资本，打造全球最大中文原创文学平台。2007 年 5 月，盛大和韩国网络游戏开发商 Nowcom 有限公司达成合作协议，获得了该公司负责发行的 3D 竞技类赛跑游戏《超级跑跑》在中国大陆的独家运营权。2007 年 6 月，盛大自主研发网络游戏全面进军海外市场，公司已经就《传奇世界》《疯狂赛车》两款游戏在越南的运营权和《梦幻国度》《疯狂赛车》两款游戏在中国香港、中国澳门地区的运营权与当地网络游戏运营商签订了合作协议。2007 年 6 月，盛大与韩国领先的网络游戏开发商 Actoz Soft 公司签订独家代理协议，将在中国大陆推出 Actoz 研发的在线乒乓游戏《X- 乒乓》。2007 年 7 月，根据新闻出版总署、教育部、公安部、共青团中央等八部委联合下发通知的要求，盛大全面实施网络游戏防沉迷系统，促使青少年养成良好的上网习惯。

2007 年 8 月，盛大正式开始在公司内部推行"游戏式管理"模式，员工们要像所有网络游戏角色一样，开始通过"练级"提升经验值，靠自己的双手把握晋升和加薪的机会。2008 年 7 月，盛大文学有限公司正式成立，作为盛大网络旗下主要企业之一，和盛大游戏有限公司等一起，走上集团化发展轨道，继续向互动娱乐媒体的战略目标稳步迈进。2009 年 9 月，盛大网络旗下盛大游戏有限公司在美国纳斯达克市场上以股票代码"GAME"上市。2012 年 2 月，完成对盛大网络（Nasdaq:SNDA）的合并，使公司实现私有化，该股票从美国退市。2013 年 4 月，盛大完成杭州边锋和上海浩方的出售。A 股上市企业浙报传媒（600633）以 32 亿人民币的价格全资收购这两家公司。2014 年 9 月，盛大出售其持有的 58% 的盛大游戏股权给东方证券旗下的东方金融控股、海通证券旗下的上海收购基金以及宁夏中银绒业国际集团，继续持有控股权。2014 年 11 月，盛大将其持有的 100% 的盛大文学股权出售给一家投资公司。2014 年 11 月，盛大将其持有的 18% 的盛大游戏股权出售，不再持有盛大游戏股份，全面彻底转型为互联网文化领域全球领先的投资控股集团。

三、经典产品

（一）《热血传奇》

《热血传奇》是盛大网络 2001 年推出的大型多人在线角色扮演游戏。该游戏有武士、魔法师、道士、刺客四种职业，所有故事情节的发生，经验值的取得以及各种打猎、采矿等活动都是在网络上即时发生。整个游戏充满了魔力，具有东方色彩。

中国网络游戏行业的真正起步，是从《热血传奇》开始的。该游戏最高同时在线人数曾突破 60 万人，累计用户数量已超过 5 亿人次，市场占有率达到 70%，可谓网络游戏界的一个传奇。

《热血传奇》是上海著名商标，多次荣获玩家最喜爱的网络游戏，并多次蝉联年度十大最受欢迎的网络游戏。

（二）《热血传奇》（手机版）

盛大游戏传奇工作室打造的《热血传奇》（手机版），是由客户端网络游戏《热血传奇》改编而来的。自2015年8月7日登录iOS版，仅仅10几个小时，收获App免费榜第一、畅销版第三的好成绩。仅一周时间，成功登顶App Store畅销榜。

该游戏推出时间不久就荣获了金苹果奖——最受欢迎游戏产品、评委会游戏制作团队大奖（2015CGDA）、玩家最喜爱的移动网络游戏（2015金翎奖）、年度最具影响力网络游戏、最具人气手机游戏奖（2015金狗奖）、最佳端游IP移动游戏（2015金钥奖）。

《热血传奇》已经成为中国游戏产业的经典，甚至可以说是经典中的经典，那么经典是怎样炼成的呢？为什么从开始运营到现在十几年的时间里一直保持着业内领先和顶尖的地位呢？是因为盛大网络以及后来的盛大游戏从未停止过创新的步伐，一直在做不断的尝试，不断的挑战，能够让传奇产品适应不同的时代，让这款产品历久弥新。

四、主要启示

（1）"行业领袖不在于市场份额，而在于是否引领行业模式"是盛大网络一直强调行业领袖的评判标准，也是盛大网络坚持在商业模式推陈出新、为行业思考未来发展的战略思维所在。

盛大的成功，最突出的就是商业模式上的突围。2005年12月1日，在盛大刚刚发布历史最好业绩后，主动宣布商业模式转型，由原来的订阅模式转为增值服务模式，在宣布曾经让盛大一夜成名的《传奇》免费后，又宣布另外两款网络游戏《梦幻国度》和《传奇世界》也"永久免费"。尽管在转型前期，盛大出现过短期的波动，例如2006年2月28日盛大发布的2005年第四季度及全年未经审计的财务报表显示，其第四季度净亏损达5.389亿元人民币（6 680万美元），这是盛大自2004年5月上市以来的首度亏损，2005年年度净利润为1.65亿元人民币，较2004年下降了72.9%。但是盛大网络只用了3个季度就成功让"免费模式"不仅给盛大带来更好的收益，也成为整个行业的共识。数据显示，2006 年中国网络游戏行业总市场规模高达 65.4 亿元，取得突破性增长的主要原因在于免费网络游戏。但盛大决不止步于免费模式所取得的成就，而是更加深入地推介了基于社区平台化的 CSP（即 come-stay-pay）模式，实现了作为发展之本的用户的沉淀和积累，给企业发展带来更大的后劲。用盛大高级资深副总裁瞿海滨的话说就是，CSP模式为盛大带来了"持续化"和"规模化"。所谓"持续化"，就是此模式降低了用户的进入门槛，这一模式不但能够提高游戏收入而且延长生命周期，同时提供给玩家一个能持续发展的社区系统，从而保证游戏业务的长期发展。而所谓"规模化"，从盛大游戏 ARPU（average revenue per user，即每用户平均收入）的大幅上涨可以得以印证。2006年第三季度盛大大型游戏的 ARPU 由上一季度的 45.5 元增长至 51.6 元，涨幅达到 13.4%。ARPU 的持续增长充分表明，新的运营模式下收入是可以规模化的。在原来的模式下，提高游戏收入只能单一地通过吸引新用户和延长每个用户的在线时间来实现；而在新模式下，提高游戏收入可以依靠多种方式，包括提高在线人数，提高活跃付费用户数和提升 ARPU 值。所以理论上，新的模式下，ARPU 的增长没有上限。2007 年第三季度，盛大大型角色扮演类游戏的每个活跃付费用户的每月 ARPU 值又进一步上升到 59.7 元人民币，较上季度增长了 3.0%。

　　在 2007 年 ChinaJoy 高峰论坛上，陈天桥再次语出惊人，提出了游戏全民化运动的思路，同时用"三大计划"扼住未来的咽喉，做这场全民化运动的引擎，做人才培养的发动机。如果说 2006 年盛大 CSP 新商业模式的成功是行业的十年大计，这次"风云计划"的推出则是直指百年大计。陈天桥称，去年很多小企业或者新企业，例如完美时空、征途网络、问道、魔域等快速地成长，包括《风云》的成功，说明游戏已经从英雄时代进入了平民时代，所以大公司必须从英雄的位置走下来，努力让自己变成平民，全面融入游戏全民化运动中去。"未来的英雄一定就来自于今天的平民。"在讲话中，陈天桥几次强调游戏的全民性和平民智慧挖掘的重要性。"如果你的游戏已经达到了目前《风云》的水平、影响力和用户规模,盛大都给可以给你一个亿现金",这是盛大的承诺。在《风云》过后,盛大或者是网络游戏行业的未来风云如何再起,人们拭目以待。除了"风云计划"之外,盛大网络在前期投资和内部人才激发上也有战略部署。针对陈天桥提出"盛大听你讲故事"的"18 计划"(每个月的 18 号包括陈天桥在内的盛大决策者会在公司接待自告奋勇的团队和项目)以及内部创业的"20 计划"(即把游戏收益和游戏运营团队的骨干分成,最高比例可以达到 20%),业内人士认为,这将使行业优势资源进一步向盛大聚合,这有助于行业的重组和升级。陈天桥的发言被评为企业界演讲嘉宾中最"高屋建瓴"的。业内人士表示,陈天桥又比他的竞争对手超前了一步,又一次把握住了行业发展的命脉。

在已有赢利模式的基础上,盛大网络进一步拓展公司的商业模式,积极向海外市场拓展并大力发展游戏嵌入式广告。2007 年盛大网络在海外市场拓展方面已经成功地迈出了坚实的第一步,其自主研发的《传奇世界》《疯狂赛车》《梦幻国度》等游戏已经出口韩国、越南、印度、中国香港、中国澳门等国家和地区,海外市场的收入已达 1 000 万美元。

发展游戏嵌入式广告(in game advertising,简称 IGA)是盛大扩展商业模式的又一战略举措。2007 年 10 月,盛大宣布,任命中国广告界的资深人士,在营销、广告和品牌管理领域拥有丰富经验的陈念端先生为游戏内置广告业务的高级副总裁,并把盛大旗下的盛越广告公司更名为网游传媒(in-game media,简称 IGM),总部设在香港。网游传媒的主营业务,就是获得网络游戏资源,代表该新媒体寻找广告客户,然后结合广告主的要求和游戏的特点,在相应的游戏组合中投放各种形式的广告。网游传媒,不仅仅满足于盛大的游戏资源,按照陈念端的说法,"在接盘盛大的前期研发成果后,网游传媒将独立运作"。在盛大的布局中,网游传媒不是仅仅用来"打扫自家门前雪",而是要成为介于尽可能多的网络游戏运营商和广告客户(包括传统广告公司）之间的营销服务提供商。目前网游传媒已经拥有完全自主知识产权的 IGA 技术，已有 5 家顶级网络游戏厂商加盟，并与 10 余家体育、消费、汽车等行业广告主订立合作意向。

（2）不断拓宽内容渠道，打造强劲的产品线。网络游戏仍然是盛大的主营业务，由于先前的平台建设已经架构起了牢固的基础，盛大网络又把游戏产品线的丰富以及现有产品的扩展作为重点，大型游戏和休闲游戏将继续稳定健康发展。盛大网络在拓宽内容渠道方面又有新的举措，在已有的自主研发、海外引进的基础上，又创造性地提出了针对国内网络游戏开发商的投资开发和针对国外著名游戏公司的合作开发的新思路。

在经历了与韩国网络游戏运营商的著作权的纠纷之后，盛大网络深知自主研发的重要性。盛大网络花大力气自主研发的网络游戏有《纵横天下》《传奇世界 2》等。其中《纵横天下》是盛大自主研发的首款网页多人在线联机对战游戏，该游戏以三国为历史背景、以网页为表现形式、以大规模经营和战争为主要游戏模式，内容新颖。目前《纵横天下》已进入封闭测试阶段。

在重视自主研发游戏的同时，盛大网络也丝毫没有放松在国际市场上寻找品质优良的网络游戏大作。盛大网络先后从海外引进的游戏的有韩国 Ncsoft 的 3D 网络游戏大作《永恒之塔》（"AION"），韩国网络游戏开发商 Wise on 开发的街头极限奔跑网络游戏《都市狂奔》（"FreeJack"），韩国新生代网络游戏开发商 Eyedentity Games 的 3D 大型多人在线网络游戏《龙之谷》（"Dragon Nest"），韩国娱美德娱乐有限公司史诗级的 3D 大型网络游戏《苍天》等。为了抓住 2008 奥运之年的大好机遇，盛大网络提出了网游为奥运加"游"的口号。引进了韩国 Actoz Soft 公司旗下 X2 开发团队开发的全球第一款以乒乓球为题材的大型绿色竞技类、奥运主题网络游戏《X- 乒乓》，于奥运期间在以乒乓球为国球的中国大陆地区发行。该款游戏以鼠标甩动模拟挥拍，全新的操控方式不仅更具真实性，还可以让玩家体会到运动类游戏前所未有的激情。

　　向国内网络游戏开发商投资开发或者运营网络游戏是盛大网络拓宽内容渠道的重要举措。这也就是著名的"风云计划"和"18 计划"。2007 年 7 月，盛大网络宣布收购国内网络游戏公司成都锦天科技发展有限公司。锦天科技是国内领先的大型多人角色扮演网络游戏的开发商和运营商，目前运营两款自主研发的 3D 大型多人角色扮演类游戏《风云 Online》和《传说 Online》。随后，盛大网络又找到了"风云计划"的第二个投资对象——厦门御风行公司。除此之外，盛大网络的"18 计划"也开始实施，投资开发了网络游戏《鬼吹灯 Online》和《封神演义》。《鬼吹灯 Online》是根据盛大旗下起点中文网的著名探险小说《鬼吹灯》改编的 3D 横版大型多人在线角色扮演类游戏，强调格斗和关卡挑战，带有强烈的街机游戏风格。该游戏由盛大网络委托上海麦石信息技术有限公司进行开发，盛大将获得该游戏的知识产权，并拥有麦石公司一部分购股选择权。《封神演义》则是一款 3D 大型多人在线即时战略游戏（MMORTS）。该游戏取材于中国古代经典传说，节奏紧凑，强调个人操作和团队协作，具有非常鲜明的竞技特色。该游戏由盛大网络委托福州领域计算机技术有限公司进行开发，盛大将获得该游戏的相关知识产权，并拥有领域公司一部分股权的购股选择权。

　　盛大网络还积极寻求和国外著名游戏公司合作开发网络游戏。盛大网络携手华特迪士尼互联网集团在中国开发的全球首款以迪士尼人物为原型的网络游戏《迪士尼魔幻飞板》上市。该游戏由迪士尼授权，盛大研发、运营，秉承了盛大网络创造一流用户体验的制作理念，以及华特迪士尼始终如一的特质——高品质、创新、缔造欢乐、独一无二。《迪士尼魔幻飞板》将迪士尼的可爱人物、绚丽场景、妙趣情节与飞板技巧、疾速飞翔、组装乐趣、新奇关卡、华丽系统融合在一起，让想象力随着飞板一同轻盈飘飞，让玩家一起来探索未知领域，体验驾驶魔幻飞板驰骋飞行的非凡乐趣，充满了想象力和创造力，为中国网络游戏市场注入一股清新空气。2007 年 7 月，盛大网络还先后和美国著名的游戏软件开发商和发行商 THQ、日本游戏开发商 TECMO 签署协议分别合作开发《英雄连 Online》和《生死格斗 Online》。《英雄连 Online》是 THQ 著名 3D 即时战略游戏《英雄连》的网络版。《英雄连》单机版游戏于 2006 年推出后受到广泛好评，被认为是游戏史上最出色的即时战略游戏之一。《英雄连 Online》将力图带给网络游戏玩家更加精彩的即时战略游戏体验，玩家可以在广阔的欧洲战场上通过多人合作任务、玩家间的对战等新模式来把自己的角色从士兵一步步提升到将军。《生死格斗 Online》则由 TECMO 旗下的在线游戏部门 Lievo Studio 负责开发，盛大提供网络游戏领域的经验和技术。《生死格斗 Online》是一款基于 DOA（dead or alive）系列的在线游戏。DOA 是 TECMO 下属游戏工作室 Team Ninja 开发的一款 3D 格斗游戏，在全世界电子游戏领域被认为是最好的格斗类游戏之一，其系列产品的全球累计销量超过了 750 万套，该游戏拥有丰富的情景设置、庞大的角色阵容、炫目的格斗场景、华丽的视觉表现以及轻松上手的操作系统。

（3）盛大网络一直将"不断发现与满足用户的普遍娱乐需求"作为运营理念，也正是有了这样的参照，盛大网络一直将"内容和服务"作为自己的核心竞争力。

陈天桥认为，盛大网络的核心竞争力不是游戏的运营，也不是产品的研发，而是盛大的服务理念。盛大不是制造游戏，而是制造服务。盛大网络对中国游戏产业最大的贡献之一是提出并实践"服务"的概念。在盛大之前，国内所有的软件开发商、销售商、游戏运营商都是以商品销售作为核心。当看到盛大 2001 年提出服务理念并以服务为企业发展核心取得显著成果之后，很多运营商逐渐研究并模仿盛大的服务模式。盛大网络"服务"的核心首先是一个大服务的概念，也就是说，盛大网络首先是一个服务企业，所有部门、所有人，每一环节都是为顾客服务的。企业的运转首先要满足于服务客户的理念，架构企业组织层次上的分工同样要以服务为中心。盛大网络的客户服务中心是国内建设的最好的客户终端服务之一，但在盛大网络总体的服务架构里，客服中心只是盛大网络实现服务的一个展示平台，是一个龙头，它所展示的只是盛大服务的一个流程，并不是盛大的全部服务内容。盛大的服务理念是要求全方位、全民的服务，在盛大现有的组织架构里，12个中心都是以服务为导向开展工作，并互为支撑。现在盛大已经拥有了4.6亿的注册用户，最高同时在线人数达到数百万。并且通过强大的游戏运营能力、周到的客户服务能力、完善的技术保障与支持能力、广泛的销售网络和健全、高效的支付平台，形成了面向用户的综合性互动娱乐平台。该平台凝聚了庞大的家庭用户群体，各年龄层的玩家均可以借由盛大互动娱乐平台与其他成千上万的玩家进行互动，体验互动娱乐带来的乐趣。

（4）盛大网络十分重视人才培养，视人才为公司最宝贵的财富，并借助国内互动娱乐产业快速发展的东风，不断加强公司人才队伍建设。

盛大网络的首要工作目标就是为公司寻找到能为公司长远发展服务的"好人、明白人、能人"，为整个行业培养出一批未来精英力量。盛大的一位高管对这三种人给出了精辟的解释，认为这也是一个人做人的三种境界，"好人"就是敬业，要兢兢业业，这是一个企业首先判断要不要一个人的前提；"明白人"就是职业，是知道所在岗位职责和要求，了解自己的优势及发展方向，这是个人和企业匹配的过程；"能人"代表专业，实际上是从岗位技能角度考量的，就是明白人在合适的岗位上去作出应有的贡献。陈天桥曾经说过，盛大的财富是我们培养了一批骨干队伍，大家善于学习，不管学历高低，不论资历深浅，这支队伍都跟着盛大一起进步。而在实践中，盛大网络在首批获得国家文化产业示范基地的荣誉后，先后在上海、杭州、成都等地与多所重点高校合作建立了互动娱乐人才培训基地，进一步拓展盛大的人才储备机制。通过研发基地的建设以及自身的发展，盛大已经为行业输送了管理、技术、策划、运营等各大领域的3 000多名人才，并且建立了诸如"盛大军校"的一系列人才绿色通道的体制。像2006年10月启动的"寻找互联网未来精英"，就成为一个充实完善公司的人才结构的良好平台。2007年初发起英雄会，继续在社会上诚招行业内各领域的精英型顶尖人才，也因此首创行业聚会的模式，这些举措实际上是盛大网络一贯站在行业高度、长远发展立场思考的反映。盛大网络在这方面的努力赢得了肯定，获得了中国大学生最佳雇主称号。2007年8月，盛大网络在企业管理、服务员工方面又出新招，提出了"像管理游戏一样管理企业，像服务用户一样服务员工"的口号，同时也提出了企业的价值在于不断帮助员工获得个人价值提升的理念。游戏式管理，是指通过一系列从个人到组织的成长体系规划，为员工设计清晰的个人职业发展规划，借用经验值系统记录积累每个人的成长过程并予以汇报，以此将员工被动的运气型发展改变为主动的努力型发展，在不断激发员工的积极性、促进员工个人价值实现的过程中，实现企业组织的价值，最终达到员工个人价值与企业组织价值的和谐统一。游戏式管理中，经验值是核心，是根据岗位性质、技能要求、任务难度、工作职责等相关指标确定的一个绝对值，用于记录和调整职级，是每个岗位的晋升和晋级的标准。盛大员工的经验值分为起始经验值、年度起始经验值、岗位经验值和项目经验值。经验值系统给予员工完全自主设计发展的空间，只要经验值达到相应的职级的标准，员工即可"自动"晋级或晋升。在游戏式管理系统过程当中，员工的成长和发展是公司考虑最多的问题。公司首先在系统中很好地建立了"双梯"员工发展模式，让员工可以自主选择管理岗位和专业岗位的发展路径；其次是建立了从初级到中级到高级，最终到专家级的职级大类成长系统，同时依据员工职级发展的需要建立了1—100级的职级成长空间，激励员工不断成长；最后，通过科学的定级方法，为每位员工赋予一个初始信息，即所在的双梯序列、职级大级和职级，让他们时刻明确自己所在的"位置"和下一步努力的"目标"。游戏式管理，把更多的管理自主权交给员工，充分调动大家的积极性，让员工在公平竞争的环境中，体会像"游戏"中一样成长的乐趣，同时也大大提高了公司的效率。

（5）在原有单一游戏业务的基础上，盛大网络实现了产品线的多元化和营收的多元化，大力推进游戏社区化建设和家庭娱乐战略。

随着盛大网络转型的成功，其平台化、社区化思路逐渐清晰。一方面，在CSP模式的良好市场表现面前，盛大网络将继续将游戏作为单一产品的概念平移到社区、平台化上，以增强游戏产品的更持续、更规模化的发展。业内人士指出，网络游戏社区化包括两种含义：一是游戏内部社区化，即在游戏过程中不仅是游戏，而是提倡交友、相互学习、交易等活动；二是运营商凭借一系列游戏打造的游戏平台，整个平台构成一个圈子，就是一个社区。社区化游戏鼓励玩家开发和交易虚拟财产，并在互联网上以现代方式生活。这与传统大型多人在线角色扮演类游戏有很大的不同，传统游戏的主题是通过打怪练级来积累权力和财富。盛大网络一直致力于网络游戏社区化，2006年向CSP模式的转型，实际上就是使网络游戏呈现社区化的特点。

另一方面，盛大网络将继续在家庭娱乐战略上推进。2004年年底，盛大宣布进军家庭娱乐，而家庭娱乐战略的实施包括内容、硬件和运营服务三部分。但是，行业政策的限制使得盛大家庭娱乐中心战略受阻。经过几年的探索，盛大在家庭战略中的角色也逐步清晰，即将自己定位于用遥控器上网的内容和服务提供商，不再坚持在硬件产品方面进行运作。盛大网络紧紧围绕网络游戏核心业务，充分发挥自身内容与运营的核心竞争力，通过对产业链中软件、硬件、内容、网络以及服务的整合，与业内多家居领先地位的合作伙伴联手，形成了完善的家庭互动娱乐解决方案，该方案通过简单易用的操作方式使用户在家中轻松上网，享受互动娱乐体验。2007年盛大网络抓住市场机遇，在构建合作共赢的产业链上迈出了跨越性的一大步，通过和长虹、海信、清华同方等厂商异业合作的形式，不断丰富平台内容，从而来更好地完善互动娱乐平台的建设，吸引更多家庭人员参与盛大平台进行各种娱乐消费。有了这个良好的基础，盛大网络致力于优化最好的家庭娱乐解决方案。

五、盛大游戏

盛大游戏（见图 2-1）是盛大网络集团旗下企业，是中国知名的网络游戏开发商、运营商和发行商。

从 2001 年运营《热血传奇》，开创中国网络游戏时代开始，盛大游戏一直扮演着中国游戏产业开创者与变革者的角色。盛大游戏先后推出了《热血传奇》《传奇世界》《泡泡堂》《龙之谷》《最终幻想14》等 70 多款网络游戏，累计注册用户超过 21 亿。

进入移动游戏时代，盛大游戏先后成功发行代理游戏《扩散性百万亚瑟王》与推出自研游戏《热血传奇手机版》《传奇世界手游》《龙之谷手游》《神无月》《光明勇士》等现象级作品。

图2-1 盛大游戏Logo

附：大事记

1999 年 11 月　　盛大成立。

2001 年 9 月　　盛大开启大型网络游戏《传奇》公开测试序幕；同年11 月，《传奇》正式上市，中国网络游戏时代由此开启。

2002 年　　首创 e-sales 网游营销体系，《热血传奇》最高同时在线人数突破 70 万。

2003 年 7 月　　盛大自主研发的第一款网络游戏《传奇世界》公开测试；同年 9 月，正式商业化运营。

2004 年 2 月　　盛大运营的休闲游戏《泡泡堂》最高同时在线用户突破70 万人，成为中国第一款大获成功的休闲网络游戏。

2004 年 11 月　　盛大收购韩国 Actoz 公司控股权，成为国内首个收购海外上市游戏公司的企业。

2005 年 11 月　　盛大宣布《热血传奇》《传奇世界》《梦幻国度》等三款游戏采用"游戏免费，增值服务收费"，旗下游戏全面实行免费模式，并开创了网络游戏行业盈利新模式——CSP（come-stay-pay）。

2007 年 7 月　　盛大收购成都锦天科技公司，全面推出"风云""18"和"20"三大计划。

2007 年 12 月　　盛大成功推出首款网页游戏《纵横天下》，引领行业网页游戏发展大趋势。

2008 年 6 月　　盛大游戏有限公司成立。

2009 年 1 月至 4 月

　　　　　　　盛大游戏先后与金山软件、暴雨娱乐、千橡互动达成战略合作，合作运营《剑侠世界》《预言 Online》和《蜀山》等游戏产品，盛大游戏的合作战略进一步得到业内的肯定和认同。

2009 年 9 月　　盛大游戏在美国纳斯达克股票市场成功上市（见图2-2）。

2010 年 1 月　　盛大游戏收购美国 Mochimedia 公司。

2010 年 5 月　　盛大游戏召开首届"Allstar 年度新品发布盛典"。

2010 年　　　　盛大游戏收购《龙之谷》开发商 Eyedentity Games，与国际知名游戏厂商 Square Enix 达成战略合作，获得《最终幻想 14》在中国大陆地区的独家运营权。

2011 年 6 月　　盛大游戏宣布执行 3A 战略：全明星、全平台、全区域（all-star, all-platform，和 all-region）。

图2-2 盛大游戏在美国纳斯达克股票市场成功上市

2011 年 7 月 　盛大游戏召开"2011Allstar 年度新品发布盛典",以
耳目一新的"达人秀"综艺互动方式,正式发布盛大
游戏 2011 年度 9 大网游新品力作。

2012 年 1 月 　盛大游戏与游戏蜗牛宣布,双方已经达成深度合作,"双
核运营"游戏蜗牛自主研发的网游产品《九阴真经》。
这也被视作盛大游戏即将推出的游戏运营服务开放平
台之上,首个行业合作的范例。

2012 年 　　　《龙之谷》启动网游大电影计划,公司迈入打通娱乐
全产业链新阶段,"传奇世界"荣获上海市著名商标
。

2013 年 7 月 　盛大游戏代理运营著名游戏厂商 Square Enix 公司的卡
牌手游《百万亚瑟王》国服正式公测,并成为 2013 年
最受用户欢迎的手游之一,"热血传奇"荣获上海市
著名商标。

2014 年 1 月 　盛大游戏正式宣布私有化。

2014 年 7 月　　　首部网络游戏改编《龙之谷》3D 大电影上映。

2015 年 8 月　　　《热血传奇手机版》iOS 免费榜、畅销榜双榜登顶。

2015 年 11 月　　盛大集团以 210 万美元投资冰岛游戏开发商 S ó lfar Studios，此后该开发商推出首款 VR 游戏《Everest VR》。

2015 年 11 月　　盛大游戏以人民币约 124 亿元完成私有化，从美股退市，盛大集团不再持有盛大游戏股份。

2016 年 12 月　　盛趣信息技术（上海）有限公司及其相关公司经上海盛大网络发展有限公司许可授权，获得"盛大游戏""Shanda Games"等系列注册商标的独家使用权。

2019 年 3 月 29 日

上海盛大网络发展有限公司发布《关于盛大游戏商标品牌授权终止声明》。盛趣游戏宣布，自 2019 年 3 月 31 日起统一使用"盛趣游戏"作为公司品牌。

[盛大（中国）品牌与公共关系部]

第三章

史玉柱的游戏征途
——坚守阳光经营 打造百年品牌

巨人网络集团股份有限公司（原上海征途网络有限公司）成立于2004年11月18日，以一个后来者的姿态在网络游戏领域引发了一场影响深远的革命。巨人网络的领军人史玉柱，带领团队推出的首款自主研发的大型客户端网游《征途》以免费商业模式开创了行业先河，并接连创下了多项行业记录。

以网络游戏为发展起点，经过十数年的发展，如今巨人是一家综合性的互联网企业，巨人网络为A股上市公司，股票代码002558.SZ。目前，公司定位为互联网文化娱乐为主的综合性互联网企业，在巩固自身网络游戏业务优势的同时，开拓并积极布局其他互联网领域。

作为国内最具传奇色彩、经历最丰富的创业者之一，史玉柱自1989年创立巨人公司以来，涉足计算机、保健品、网络游戏、金融投资等行业，始终坚守阳光经营，打造百年品牌（见图3-1）。

图3-1　位于上海市松江区的巨人网络总部园区

一、二次创业开拓网游新纪元

在进军网络游戏之前，史玉柱的保健品业务恐怕是最广为人知的。脑白金的田野调查、地推模式和广告创意，为他赢得了"中国营销教父"的称号。但是史玉柱并没有满足于此，在脑白金的运作走上正轨之后，史玉柱把业务交由团队管理，自己则开始迷上了网络游戏。

靠卖软件起家的史玉柱，本来对电脑游戏就不陌生，早在1996年，史玉柱就喜欢上了电脑游戏。彼时，巨人出现资金危机，债主接连登门，史玉柱正常的办公都没办法保证。于是，他索性关起门来，把电脑游戏当成了唯一的消遣方式。

2002年末，史玉柱重拾电脑游戏，开始玩陈天桥的盛大公司开发的在线游戏《传奇》，并很快上了瘾。他说："玩游戏时，在另外一个社会里，别人不知道你是谁，大家混在一起，都是平等的，大家一起去打架，一起去打怪，一起去欺负别人，一起去被别人欺负，这种平等的感觉很好。我最喜欢扮演的角色是独行侠，朋友需要帮助的时候，见义勇为。"

那时，他每天要花四五个小时泡在《传奇》里，平均每月的开支超过5万元，在一个拥有顶级装备的账号上先后共投入了几十万元。

在游戏里，史玉柱是个沉湎于其中的玩家，但他从来没有失去作为一个商人的嗅觉和敏锐，他意识到："这里流淌着牛奶和蜂蜜！"

2004年春节后的一天，史玉柱把几个高管召集在一起开会，讨论再投入网络游戏行业晚不晚的问题。当时中国的网络游戏行业已经高速发展了3年，国内的盛大、网易、九城等3家公司呈现三足鼎立之势，来自日本、韩国的游戏也有不小的市场份额，市场竞争形势不容乐观。但史玉柱还是说服了大家。2004年11月18日，史玉柱的巨人网络正式成立。

"那时候我喜欢游戏，后来干脆我就不上班了，不到办公室去了，我就在家，在家没人管我，因为玩游戏，玩了有一年，后来正好盛大有一个团队，有几个人，找投资的，我们一看，喜欢这个东西，就投资了，这个项目投资了两千万。大概不到一年的时间研发出来。"史玉柱如是说，盛大离职员工被史玉柱请来，这让陈天桥一度耿耿于怀。

2005 年 11 月，《征途》推出，《征途》作为巨人网络自主研发的首款国战网游，融合了 MMORPG、竞技 PK 等多种游戏玩法，被业内誉为中国的"网游大百科全书"。两年来，在线人数一路飙升，当时成为全球第三款同时在线人数超过 100 万的中文网络游戏。2006 年，《征途》的销售额达到 6.26 亿元，2007 年的月销售收入已经突破 1.6 亿元，月利润直逼亿元大关。2006 年 4 月 28 日，《征途》公测新闻发布会在上海金茂大厦举办（见图 3-2）。

图3-2　2006年4月8日，《征途》公测新闻发布会在上海金茂大厦举办

2007 年 7 月的一天，史玉柱和陈天桥见面了，陈天桥说："讲实话，一开始我是有意见的。后来一看《征途》做得这么好，我没法对你有意见了，我对公司的人说，这些人留在盛大能做出一款在线人数这么高的游戏吗？做不到。既然做不到，人家走就没错。"一席话，更让史玉柱感受到这位老朋友的大度和气魄。

2008 年 4 月，《征途》同时在线人数达到 210 万，奠定了巨人网络在业界的巨擘地位。《征途》上线十几年经久不衰，至今仍在国战网游中占据重要地位，多次获得中国游戏产业年会"最受欢迎的网络游戏"和"最受欢迎的民族网络游戏"等奖项。

《征途》是最先采用免费商业模式的网络游戏之一，突破了此前行业按时间收费的商业模式，推动网络游戏市场进入新的增长阶段。该游戏在国内首创了自动打怪、自动寻路、给玩家发工资等全新游戏玩法与运营措施，是国内最成功的自主研发大型多人在线角色扮演游戏（MMORPG）游戏之一。

许多人并不明白《征途》永久免费的意义。事实上，巨人网络在中国网络游戏史上占据了举足轻重的地位。自 2004 年公司诞生以来，它曾数次引领国内网络游戏市场商业模式的重大变革。

第一次重大变革发生在诞生之初。彼时，国内网游市场通行的仍是第一代网游商业模式——按"时间收费"。各大网游厂商均按照游戏在线时间对玩家进行收费，模式可分为计点收费和包月收费两种。

但由于参与门槛高，不利于商家巩固高端用户群，"时间收费"在流行了数年后弊端凸显。此时，以《征途》为代表的巨人新一代网游横空出世，用"道具收费"的全新商业模式颠覆了"时间收费"，令整个中国网游界为之一震。

"道具收费"又称"免费模式"，指在游戏时间上不再收费，不过，玩家通过增值服务，购买相关虚拟道具可获得更好的游戏体验。它不仅降低了游戏的准入门槛，吸引更多非目标用户进入；同时用户角色能力的提升可以通过付费实现，满足大玩家的需求。

巨人网络打造的《征途》游戏，作为第二代网游商业模式的发起者，以颠覆者的姿态在业内崛起，从内测 20 万人起步，巅峰时期创下了 210 万人在线的记录，一跃成为过去十年国内最成功的自主研发网游，数次获得国内游戏金奖。在《征途》成功的推动下，道具收费模式也成为国内网游市场的主流商业模式，并推动行业持续了 5 年多的快速增长，市场规模从几十亿扩大成几百亿。

二、借势掘金赴美上市

《征途》的大获成功，让巨人网络迅速跻身国内一线网络游戏公司的行列。二次创业后投资动作频频的史玉柱也看到了资本市场的机会，决定率先带巨人网络登陆资本市场。

2007年11月，史玉柱在美国纽交所敲响上市钟声，巨人网络在美国纽约证券交易所成功上市，发行价为15.5美元。当日开盘价18.25美元，超过发行价17.7%，总融资额约为10.45亿美元，成为中国最大的网游公司，也是在美国发行规模最大的中国民营企业。

图3-3　2007年11月1日，史玉柱携公司高管在纽交所敲响开市钟声

成功上市后，巨人造就了21个亿万富翁，186个千万富翁和百万富翁。谈及为何选择在纽交所上市，史玉柱称："纽交所是全球规模最大、历史最悠久的交易所之一，它的规则非常严，这和我们做百年老店的

战略是符合的。"

上市后的巨人网络进入发展的快车道，在原有的《征途》的基础上，接连开发了《征途》系列游戏、《仙侠世界》等爆款网游。另一方面，作为中国自主研发网络游戏的龙头企业，巨人网络对行业人才的吸引力越来越强。

前巨人网络总裁纪学锋，2005 年加入巨人网络后担任《征途》数值策划及主策划。在《征途》取得巨大成功后，他又主导并担任《征途 2》制作人，《征途 2》在《征途》基础上开创了只收取交易手续费的新一代网络游戏商业模式，打破了道具收费模式存在的公平性问题。游戏制作人丁国强，2008 年带领团队开始制作《仙侠世界》，受到业内广泛关注，该游戏也成为巨人在端游市场又一力作和标志性品牌。游戏制作人彭程、吴萌，在加盟巨人网络之后，在游戏的海外代理与自主研发方面，都为巨人在国内与海外游戏市场带来良好的收益与声誉。

在这批金牌制作人的运作下，巨人网络形成了研发和运营并行的模式，在运营的同时，随时改进游戏功能以不断满足玩家的需求，同时深入了解各平台的用户特性，重视多平台、精细化运营。运营团队具有目标明确的分工机制，每日跟踪分区域、渠道、服务器的关键数据和指标，并针对不同阶段用户的细分需求策划和实施丰富的运营活动。客服团队每日为百万级的活跃用户提供服务。

从诞生到纽交所挂牌，巨人网络在十余年间积累了诸多大型网络游戏的运营经验，在国内处于领先水平。曾先后推出运营《征途》《征途 2》《仙侠世界》等多款优秀端游作品，建立了从游戏研发、品牌建设、媒体宣传、活动策划、合作渠道拓展、客户服务等完整的研运一体化优势。

三、巨人的自我变革

在纽交所挂牌之后，巨人网络在高速发展的同时也不断地对行业里的既成规则进行变革。

《征途》模式改变了网络游戏行业原有的规则，其创造的无门槛道具收费模式的出现，确实培养出了一大批新兴的网游玩家，整个游戏行业最终亦全面倒向了免费模式。不过任何新模式的诞生都伴随着争议，虽然该模式降低了玩家进入游戏的门槛，但是随之出现的"人民币玩家""不公平"现象也让遭到玩家不满。对此，最先开创了这一模式的史玉柱开始反思。

2009年10月20日，巨人上线测试《绿色征途》端游，游戏几乎完全放弃了高额付费玩家：不卖材料、不卖装备，付费玩家与非付费玩家PK中，前者不占任何优势。

"我坚信，通过创新，改善非付费玩家的生存环境，免费模式网游依然存在巨大市场空间"。史玉柱表示，《绿色征途》通过改变经济系统、提高游戏平衡性和非付费玩家的重要性，足以让非付费玩家得到更好玩、更公平、更便宜的游戏体验。

"《绿色征途》端游测试期间，我经常充当GM去看玩家在讨论什么，遇到什么问题，我发现，90%参与技术测试的玩家都高度认可这款游戏。"史玉柱表示，玩家对《绿色征途》的高度认可，使他相信彻底改变模式的免费游戏前景光明。

"《绿色征途》里，两个花钱少的玩家和一个花钱多的玩家PK不会吃亏。我们希望通过《绿色征途》改变玩家对当前免费网游的固有看法，还免费网游真正免费的内涵，也希望《绿色征途》成为一个新的起点，让同行都能关注非付费玩家，一起探索，开启免费网游的新时代。"史玉柱总结。

《绿色征途》端游集中体现了巨人对非付费玩家利益的关注，继《征途》之后再次引领中国免费网游走进一个新时代。

巨人网络美股上市五年后，国内游戏行业增长遇到瓶颈，急需注入新增长动力谋求破局。瓶颈之际，一向勇于突破求新的巨人再度出手，于2011年底推出了第三代网游商业模式。

图3-4　2010年3月,《绿色征途》举办公测发布会

第三代网游商业模式即"公平游戏模式"。该模式是在免费的基础上,玩家通过互相交易获得装备道具,而游戏运营商只收取5%交易手续费。它去掉了"时间收费"的门槛和"道具收费"的不公平问题,建立了一个健全而又公平的交易体系,全方位考虑各类玩家的感受,引领行业新一轮增长。

2011年,巨人网络宣布推出《征途2》端游,也同步开启了第三代网游商业模式——"公平游戏模式"。这是继时间收费模式、道具收费模式之后,网游业界对于商业模式一次颠覆性的革新。

史玉柱曾提出过留住玩家要过三关:印象关、尝试关和无聊关,得到了业界的高度认同。史玉柱表示,"《征途2》端游技术测试至今,玩家流失率非常低,说明游戏性和商业模式得到了初步的认同。"

《征途2》端游从2010年公测至今,仍然具有较高的玩家知名度和市场地位,其核心玩法"万人国战"深受广大玩家欢迎。游戏的注册用户超过三千万,从2010年上线至今获得过中国网络风云榜、金翎奖及中国游戏产业年会等颁发的30多个奖项。2012年,《征途2》端游突破54.1万在线的大关,成为当年最成功的国内自主研发网游之一。

除了为行业人士津津乐道的《征途》系列游戏,巨人网络的研发团队在2013年后自助研发了包括《仙侠世界》《江湖》《光荣使命》等多款高人气游戏。

《仙侠世界》是巨人网络开发的一款3D仙侠类网游,游戏注重个人成长,同时比较注重GVG模式的小团体对抗,突破传统网游社交体系,创造新的团队游戏模式。游戏于2013年4月19日开启内测,是2013年度国内最成功的自主研发客户端游戏之一,成为巨人网络除《征途》系列外,又一成功原创品牌。曾获"2012年金翎奖玩家最期待的十大网络游戏"及"2012年中国游戏风云榜十大新锐网络游戏"。

《江湖》是巨人网络2014年战略级2D武侠大作,也是全球首款智能化趋势网络游戏。游戏以巨人10年积累的用户数据为基础,采用网游智能化数据分析系统(OIDAS)进行研发,整个系统能与用户实时交互,可自动进行信息数据的采集、分析、过滤、整合,每一次用户的新行为都会被系统学习、记录并智能调整反馈,可成长性是整个系统最为核心的特点。

《光荣使命》是巨人网络2012年打造的军事游戏,由基础训练、单兵任务和班组对抗三大模块组成。游戏以一名普通士兵牛猛参加代号为"光荣使命"的战役为主线,展现了战场上波澜壮阔、可歌可泣的感人故事。玩家可以在游戏中使用我军和外军最新的武器装备,执行八个类型迥异的特种作战任务,在游戏中身临其境地体验真实、权威、震撼的战争场面。

众所周知的是,巨人网络在端游领域已经做到领先,而在移动端发展迅猛的情况下,巨人网络也没有放弃挖掘更具潜力的手游市场。

作为巨人网络的王牌网游,2014年12月,《征途》为巨人网络手游打响了第一枪。《征途口袋版》是一款大型多人在线国战手游。该游戏继承了《征途2》端游备受玩家好评的经典玩法元素,并结合了移动设备的特性进行了有针对性的优化和扩展，包括更精致的画面、更流畅的野外 PK 以及创新式的 MOBA 玩法系统。《征途口袋版》上线后，在 24 小时内进入苹果商店免费榜前 7，畅销榜第 12 名，首月营业额超过七千万元，在安卓 UC 渠道的合作中 2 日收入突破 500 万元。

此外，另一款改编自网络作家"天蚕土豆"热门连载小说《大主宰》的同名手游也取得不俗成绩。这款全景 3D 动作卡牌手游，由原著作者"天蚕土豆"监制，以最大化限度还原小说原著。游戏推出后吸引了众多原小说读者与手游玩家，上线首日 DAU 超过 130 万，次日留存率超 58%，并连续 60 小时占据苹果应用商店付费榜第一名，首月流水超过七千万元。

在网络游戏领域游刃有余之际，巨人网络还围绕旗下的几款游戏开发了辅助的真人秀互动娱乐平台——《嘟嘟语音》。《嘟嘟语音》于 2013 年 10 月正式公测，是一款结合了即时聊天、游戏语音、游戏互通功能为一体的即时通信软件。《嘟嘟语音》采用高端技术研发的高保真语音引擎，保证每个语音频道都达到高音质的语音效果，提供高清、流畅的真人秀互动娱乐。

四、史玉柱的游戏逻辑

当巨人网络以一个网络游戏行业的变革者出现时，史玉柱曾备受质疑，被认为完全是网游门外汉。事实上，数学系出身的史玉柱跟电脑打了几十年交道，曾经是最早的一批电脑游戏玩家，对于网络游戏的发展，他有着自己的逻辑。而在这个逻辑里，透露出史玉柱对玩家、对产品的高度责任意识。

"我本来是玩盛大的游戏，后来盛大把我的号封了，所以我又玩《征途》了，玩的时候，因为我玩盛大的游戏，我已经是一个地地道道的玩家了，我跟玩家每天待的时间很长，我知道他们喜欢什么，我知道他们讨厌什么。"从玩家的角度来看，史玉柱是十足的行家。

"我们的《征途》刚研发出来的时候，我就提出来，这个应该这样改,我的团队还不接受,你不懂,这个游戏是有规矩,是有规则的。"史玉柱认为,游戏最终应该立足于玩家,他在玩游戏中遇到的问题就是玩家的共性。为了打怪刷等级,史玉柱曾试过通宵玩游戏、雇秘书帮忙"刷怪",玩游戏一度让他十分疲惫。

"我知道我们的玩家多么累,我提出我们的'刷怪',能不能搞个键,搞完之后(就可以自动)朝着离自己最近的怪砍,砍完之后,再找最近的砍下去。开始大家不接受,一堆理由,最后也被我说服了,然后我们的玩家真开心,因为不用这么累了,至少吃午饭时间,按个'Ctrl+Z'键就可以吃午饭了。晚上一个人在那看着,其他人都睡觉了,第二天精神饱满,可以打架。"网游"门外汉"史玉柱就这样以自己玩家的角色为研发团队提供修改意见,而这也的确是《征途》成功的主要原因之一。

研发《征途》时,史玉柱堪称是最较真的玩家,只要他有关于游戏的意见都会第一时间反映给研发团队以供参考。当时的研发团队也因此慢慢地从《传奇》时期的思维套路中跳了出来。

"因为我们站在玩家的角度,(所以)就开始有很多创新。"这是史玉柱眼中《征途》成功的关键。

在史玉柱看来,《征途》的功能并没有特别多,但在运营效率和创新上是最多的。"小的创意有很多,归结起来有上百项。"史玉柱坦言,他是逼着团队在做游戏,"一个不喜欢游戏的人不应该来我们公司,只有在自己是玩家的情况下,所有的创新才是切合实际的。"

出于这种理念,《征途》刚投向市场就迅速地抓住了玩家的心理,成为发展最快的网游。"这个和我当初总结做脑白金一样,我们的工作做得扎实。网游这个产品做扎实其中一个重要的前提是,你要了解你的消费者。做脑白金也要了解消费者,只不过了解的方式不一样,你要跑到农村去找老太太聊天,你了解消费者你要自己是一个消费者。我们这个团队都有这样的爱好,都是游戏狂人,我们《征途》成功有很多方面,这个是最重要的因素。"在史玉柱看来,做游戏和做脑白金是共通的，从产品研发思路到营销手段都是一样的。

史玉柱做产品的逻辑实行起来很烦琐，但却是实打实的"笨办法"，而这一思路也延续到了网络游戏中。史玉柱实行的用户调研方法就是深入用户群体，伪装成用户跟玩家聊天，以此来了解玩家的心理。"好产品都是改出来的，靠心血熬出来的，只要路子对了，就不断地浇灌心血。"史玉柱表示。

站在管理者的角度，史玉柱从来都觉得自己不懂网游，公司的研发人员是最可爱的人，但正是因为他不懂网游，所以他才更加会沉下心来从用户的角度来抓细节。"创业20年来的三个时期都是抓细节，1989年刚创业的时候没钱没人，公司产品100%的代码都是我自己写的，所有广告都是我自己写的；1997年，公司失败，我又回到一线开始跑终端；第三次，就是巨人做网游。"史玉柱回忆。

对于排除万难从保健品转向网络游戏，史玉柱对自己的判断有着十足的信心，这也是他制定公司战略时秉持的原则。"同一个时间只管一件事，不管两件事。"在研发网游时，虽然还是脑白金100%的股东，但他基本上已经不参与脑白金的决策，全程只盯着《征途》。

史玉柱凭借着自己对于网络游戏的执着与热爱，成功地打造了巨人旗下第一款MMORPG游戏——《征途》。20余年，三个领域、三次创业，历经大起大落，史玉柱的创业生涯是国内企业家中最具传奇色彩的。在巨人网络登陆纽交所之后，史玉柱坚信创新是年轻人的事，暗暗生出了隐退的心思。

一次游戏圈内小小的聚会上，史玉柱忽然发现好多游戏界的人自己已经不认识了，而曾经和自己在同一个战场上鏖战的对手们大都已经离场。他表示其个人很早就想辞去CEO职务，但"心里一直没底"。

2013年4月19日，《仙侠世界》的推出让他最终做出了决定，"互联网行业需要更多的年轻人"。史玉柱说。他将在这款游戏的发布时间，也就是2013年4月19日正式辞去CEO，同时继续保留董事会主席职务，董事会也将在那时宣布新任CEO。

图3-5　2013年4月，史玉柱在《仙侠世界》发布会宣布退休

对于老朋友马云的辞职，史玉柱看起来不太服气，"其实我几个月前就提交了辞呈，董事会一直不批准，直到昨天才同意。我提交辞职报告的时候，马云还没提交辞职CEO呢，我现在才批下来，我是起了个大早，赶了个晚集，还好赶上了。"史玉柱笑称。

史玉柱坦诚："这个决定不是一下子做出来的，大概在三年多以前就已经从巨人网络退居二线，主要是因为觉得自己年龄大了。"对于退休后的生活，史玉柱表示，第一是低调少出门，"你们未来很少能够看见我。"而第二点就是做慈善。

史玉柱喜欢在微博发表一些看法，他曾经在微博上表示，微博粉丝每增加一百万，就会按照总粉丝数捐款。粉丝达到600万时，史玉柱亲自前往青藏高原做公益，捐赠资金主要用于经济落后地区教育、环境及濒临灭绝动物保护、藏文化抢救。当史玉柱2013年宣布退休时，微博粉丝达到了700万，史玉柱想再去一趟青藏高原："再去一趟青藏高原，一边玩一边做公益，这就是我的生活。"

退休后的史玉柱，很少再干涉公司业务，媒体想追寻史玉柱的行踪，则更多的只能从微博上寻找蛛丝马迹，也正是从此时起，巨人网络逐渐开启了回归 A 股的大门。

五、回归 A 股之路

为了响应优秀互联网企业回国上市的呼吁，在美股上市 7 年后，巨人网络选择私有化并退出美国股市。

2013 年 11 月 25 日，史玉柱以及霸菱亚洲投资基金组成的财团提出非约束性私有化要约，拟以每股 11.75 美元收购巨人网络所有在外流通股，交易价格为 28 亿元。2014 年 7 月 18 日，巨人网络与史玉柱以及霸菱亚洲、弘毅资本、鼎晖投资组成的买方财团签订并购协议，拟以 30 亿美元收购巨人网络在外流通股，每股存托股价格为 12 美元。同时，巨人网络也于当天正式从纽交所退市。

巨人也将从纽交所退市当作战略调整布局的契机，在公司内部提出"二次创业"的口号，以便更好地应对移动互联网布局。

移动游戏在继 2013 年的大爆发之后，成为游戏行业的兵家必争之地。作为靠端游起家的巨人网络在从纽交所退市，顺利完成了私有化，进入了后史玉柱时代的二次创业阶段。在保证游戏业务稳定发展的基础上，加大中小项目的创业，调转船头，力求在移动互联网中找到新的出路。

在加入移动游戏阵营的一年里，巨人网络先后代理和推出了包括《征途口袋版》《大主宰》等多款移动游戏。其中作为老牌端游巨头首款向业界展现实力、大秀肌肉的战略产品《征途口袋版》，上线 24 小时营业额近千万，拿下苹果商店付费榜前二、免费榜前三、畅销榜第七名的成绩，也着实成为业界一大话题。可以说巨人在移动业务的变革与突围中取得了一定的成绩。

除了手游，在"二次创业"的大背景下，巨人网络在移动端的业务也显现出几何级增长趋势。公司在渠道上进行了一系列布局，包括投资、并购有潜力的移动游戏平台发行商，在手机硬件领域进行研发布局，实现软、硬件双管齐下的策略。

此外，巨人并没有一味地着眼于单一的移动游戏产品，也积极涉足文学、电影、动漫等多重领域，从全产业链着手布局，争取在移动业务中有所作为。

在潜心耕耘游戏业务的同时，巨人网络回归国内资本市场的渴望又再一次燃起。2015年8月，闲云野鹤多年的史玉柱突然出现，对巨人的管理层架构与业务重心做了重新规划，公司将重新聚焦在游戏业务上。

2015年10月，巨人网络及董事长史玉柱与重庆新世纪游轮股份有限公司签订《重大资产重组意向框架协议》。世纪游轮拟向巨人网络全体股东非公开发行股份购买巨人网络100%股权并配套募集资金。此举意味着巨人网络将借壳世纪游轮，并有望成为首批回归A股的游戏中概股。

2015年10月30日深交所晚间公告，A股上市公司世纪游轮拟向巨人网络全体股东非公开发行股份购买巨人网络100%股权并配套募集资金，交易完成后，巨人网络将整体注入上市公司。史玉柱成为公司的实际控制人。根据世纪游轮公布的重组预案，本次交易中，上市公司拟购买资产暂定交易价格为130.9亿元。业内人士认为，借壳成功之后，巨人网络将成为A股最大的游戏公司，也将成为首家回归A股的游戏中概股。

2015年8月份，巨人网络公司创始人、董事长史玉柱在巨人回归A股之前再度出现，在内部发表讲话深入解读巨人"聚焦聚焦再聚焦"的精品战略。史玉柱谈及巨人此次改革的动机，称以上市为契机进行体检，希望以更强健体魄接受苛刻的中国股民的检验。他还指出，将搭建公司化优势平台，充分发挥高敏捷小团队的潜能，让更多年轻人才有冒出来的机会。公司未来所有资源将向研发业务倾斜，研发人才将是巨人"最可爱的人"。

2016年3月2日，世纪游轮发布公告，宣布公司重大资产出售及发行股份购买资产并募集配套资金事项获得证监会有条件通过。世纪游轮3月3日公司将股票复牌,这意味着巨人网络正式回归A股市场。

六、聚焦聚焦再聚焦,移动业务实现弯道超车

2016年以来,巨人网络成功回归A股后没有停下打造精品游戏的脚步,公司持续坚持自主研发精品战略,《征途手机版》《球球大作战》《征途2手游》等精品游戏的推出,帮助公司在移动业务实现弯道超车。

作为中国最受欢迎的大型网络游戏之一,《征途》自2006年问世以来,全系列产品已累积超过5亿玩家,通过近年来对征途IP的良性运营和品牌年轻化,巨人正在持续放大征途IP的影响力。一方面,推出《征途手机版》《征途2手游》等手游产品,以并驾齐驱之势,与端游一同组成了"征途系"产品矩阵。另一方面,十多年来,以《征途》为代表的国战文化早已深入人心,成为一代玩家心中的共同记忆。而从2018年开始,征途开始焕发新的品牌价值。

图3-6　2018年7月,首届征途嘉年华在上海举办

2018 年 7 月 7 日，首届征途嘉年华在上海举办。这是征途十三年来第一次线下相聚，征途"头号玩家"史玉柱、《征途》电影主演刘宪华与现场数百名玩家兄弟一起见证了这场征途家族大聚会。

"头号玩家"史玉柱的参与，打破了他两年没在游戏圈露面的记录。在嘉年华现场，史玉柱想起了征途从通宵研发到自己通宵国战的游戏经历，坦言比任何一位巨人员工都更爱征途，他希望征途可以通过"嘉年华"这样的活动，多和玩家交流，始终把玩家感受放在第一位。

"为什么我今天会来参加这个活动，因为我觉得很好的一个苗头，就是我们这个经营团队现在认识到了我们之前那样经营是有问题的，他们开始改变，开始重视玩家的感受，有意识地去回馈玩家，为玩家做些事情。所以我觉得以后要加强研发团队和玩家的交流，我们希望我们公司能为玩家持续多做些事儿，就像现在我们《征途》为玩家拍电影了，接下来还拍电视剧。我们希望这样能激发玩家的情怀，回馈玩家。"史玉柱表示。

2018 年，《征途》第一届线下嘉年华活动后，《征途》团队将"重视玩家、善待玩家"贯彻执行，经典游戏正在逐渐焕发新的品牌价值。2018 年底，巨人网络宣布以"《征途 2》——黄金国战联赛"为依托，推出全新电竞品牌"国战电竞"。2019 年，征途影游联动项目正式启动，国内第一款由同名游戏改编的电影《征途》即将上线影院。

2019 年 7 月，第二届征途嘉年华如期举办，史玉柱向团队提出了"贴近玩家、共创征途"八字研发建议。他提议，希望团队组建玩家团，让玩家投票选出最想要的游戏玩法，研发团队负责开发实施，让资深玩家拥有对征途玩法的决策权，以最贴近玩家的方式共创征途。

通过同名电影影游联动、联名国内顶级模特赛事中国超模大赛、推出全新国战电竞品牌等一系列创新尝试，巨人网络为征途这个沉淀十四年、拥有数亿用户的经典游戏品牌注入全新的文娱、青春元素，焕发 IP 全新价值。

图3-7　《征途》"头号玩家"史玉柱现身征途嘉年华

如果说，《征途》系列产品是巨人网络的王牌精品，开创了游戏行业多个先河，成为行业标杆。那么《球球大作战》则是巨人发力手游，在移动电竞品类中打造的又一精品。

2015 年 5 月，《球球大作战》上线。这是一款由巨人自研自发的休闲竞技类手游产品，在零广告、零渠道，靠用户口碑传播的情况下，《球球大作战》实现了滚雪球式增长，上线至今累计设备安装量 5 亿次，全球日活跃用户达到 2 500 万人，月活跃用户突破 1 亿人，开创了休闲竞技全新游戏品类。这款游戏以年轻人为主，最高峰时，中国每两个年轻人就有一人在玩《球球大作战》，在当时打造出了中国最火热的游戏社交平台。

《球球大作战》具有黏性高、年轻化、男女性别比例相对均衡、强社交属性等特点，开创了新的移动电竞品类。通过 BPL 职业联赛、BGF 年终总决赛、TTC 塔坦杯精英挑战赛、BUC 城市挑战赛、线上公开赛等细分赛事，《球球大作战》逐步搭建起相对完善的移动电竞生态框架，赛事用户的竞技化认知得到培养，并通过与统一冰红茶、肯德基、雷蛇等品牌的合作，使赛事的商业价值得到释放，巩固了《球球大作战》作为"全球领先休闲电竞品牌"在电竞领域的核心地位。

图3-8　2017年1月，《球球大作战》年度全球总决赛暨年终盛典在上海东方体育中心举行

2019年，《球球大作战》继续聚焦电竞生态的培养，并尝试以电竞生态反哺产品和用户。通过打通游戏、直播、赛事等领域线上线下壁垒，使各领域跨界连接，融通共生，形成跨平台多场景交互体验，打造泛电竞娱乐生态圈。2019年1月，《球球大作战》BGF年终总决赛在北京工人体育馆举办，嘻哈双冠GAI和艾热联手为比赛创作了赛事主题曲《永不独行》并现场献唱，吸引电竞+娱乐圈层的双重关注，为广大的年轻人打造了一场泛娱乐竞技盛宴。

《球球大作战》取得成功之后，巨人网络紧接着推出"赢在巨人2017"计划，每年投入2亿元资金建设研发平台，招募、扶持游戏开发团队。通过一系列的措施，巨人招募了一批优秀的游戏制作团队，自主研发《帕斯卡契约》《月圆之夜》《羞化装甲》等不同品类游戏。

《月圆之夜》是巨人网络小团队敏捷开发的独立单机卡牌手游，

由"90后"制作人担当，在巨人网络的扶持下，6人团队历时6个月开发完成。自2017年正式上线以来，《月圆之夜》先后获得苹果、谷歌的全球范围推荐，并被评为2017年度App Store最佳本土独立游戏奖，在E3等国外游戏展上也取得了良好的口碑。

另一款由巨人网络自主研发的游戏《帕斯卡契约》，则成了首款亮相苹果新品发布会的中国本土游戏。2019年9月，《帕斯卡契约》登陆苹果秋季新品发布会，吸引了苹果全球用户和新闻媒体的关注。2020年1月16日，《帕斯卡契约》上线当日，苹果官方微信公众号、官方网站等罕见地同时出现单款游戏发售的推荐新闻。"《帕斯卡契约》是由第一个登上乔布斯剧院的中国本土开发团队打造，他们在iPhone和iPad平台上实现了自己的抱负，打造了这款世界级的3A游戏大作。"在苹果的描述中，毫不吝啬对这款游戏品质的赞美。上线之后，《帕斯卡契约》连续多日位居iOS付费游戏排行榜第1名，并长期位居iOS付费排行榜前列，被App Store评为2020年1月最佳游戏。

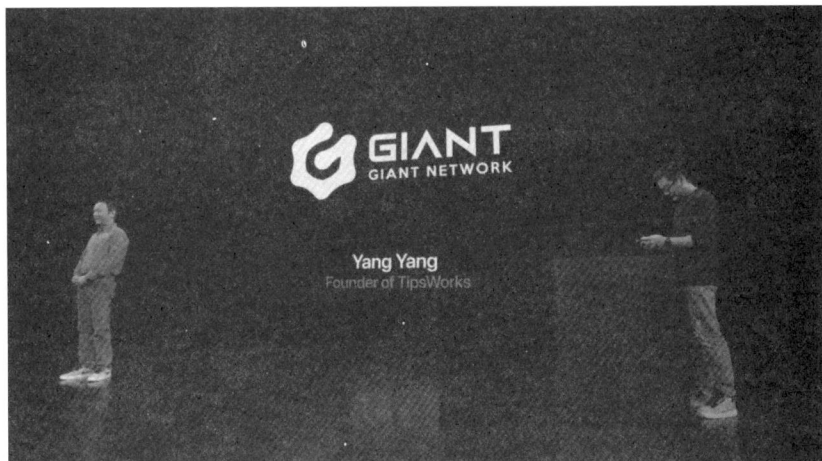

图3-9　《帕斯卡契约》登陆苹果秋季新品发布会

此外，巨人还相继推出《龙珠最强之战》《犬夜叉：奈落之战》《绿色征途手游》等自主研发产品，并储备了《胡桃日记》《十二神兵器》

等多类型多品种游戏，涵盖了传统的角色扮演类、策略类、射击类、休闲类、卡牌类、益智解谜类、体育类等多种类型，涉及历史、冒险、二次元、国民武侠、未来科幻、西方奇幻、东方仙侠、军事竞赛等多种题材，这些游戏大多具备全球化运营的条件，为巨人在移动游戏与全球化"战场"上备足了弹药。

七、聚焦擅长品类，集中力量打造爆款

2019 年 12 月 6 日，巨人集团在上海举办成立 30 周年庆典，史玉柱在活动中发表演讲。"我们能不能大胆启用年轻人，能不能把年轻人放到重要岗位上，这是巨人未来能不能再活 30 年的决定性工作。所以，现在我们主要负责人，以及各个部门负责人，一定要注重培养接班人，培养年轻人，要他们来掌握未来巨人的命运，我觉得这是必要的条件。"史玉柱在庆典上表示。

2020 年伊始，巨人网络对外宣布任命首位 85 后高管、《球球大作战》制作人吴萌出任公司联席 CEO，全面负责公司业务，巨人网络联席 CEO 刘伟负责投资、集团公共事务。这也意味着巨人网络正式完成了管理团队年轻化调整。同时，发布了全新的赛道战略，业务发展开启新篇章。

史玉柱表示："公司在过去几年一直注重管理团队年轻化，给年轻人提供舞台，吴萌是从一线业务成长起来的管理成员，拥有丰富的业务实战经验与管理经验，希望他与年轻的管理团队不负使命，带领公司业务迈向新高度。"

在管理层年轻化的调整上，巨人相继引入 CTO（首席技术官）聂志明、CFO（首席财务官）孟玮、海外发行副总裁刘义峰等多位业务高管。其中，孟玮、刘义峰均为"80 后"。并推行业务合伙人机制，把懂业务的人推到一线。

在未来战略上，巨人一是要聚焦擅长赛道，二是要集中资源持续投入，三是要做长寿游戏，推动公司业务长期健康发展。巨人将从赛

道布局、中台建设、积极布局海外业务等方面持续发力。

"游戏市场已进入下半场竞争，进入争夺存量、充分竞争的红海阶段。巨人不是一家擅长跟风模仿的公司，巨人擅长的是下半场，巨人的能力、优势会逐渐展现出来。"在 2020 年 1 月份的一场投资者交流会上，巨人网络联席 CEO 吴萌如是说。

"赛道"概念是巨人网络首次作为公司战略提出，目前，征途 IP 赛道和球球 IP 赛道是巨人两个工牌，未来这两个赛道会持续投入，带来稳定、持续的增长，巨人还将布局 3DMMO 赛道、泛二次元赛道、UE4 赛道、发行定制赛道等，这些赛道都已有经验丰富的负责人牵头。同时，巨人将加强中台建设，建立"大中台小项目"模式，成为年轻人的能力放大器。中台战略在巨人整个系统中扮演非常重要的角色，中台是航母，项目是战斗机。

此外，巨人结合自研与代理，积极布局海外业务。2020 春节期间，巨人网络在手游业务方面持续创新高，《帕斯卡契约》等全球化产品表现超预期，《征途》中东版已完成开发，预计今年将在海外市场率先发力。

出海是巨人网络未来非常重要的战略方向，公司将继续践行"国际化"的发展战略，除自主研发外，也将采用代理优质游戏在海外发行的方式，打造国际化的团队，积极布局海外业务。

八、坚守阳光经营，打造百年品牌

2019 年，巨人集团 30 周岁，在史玉柱看来，30 年对于一个公司来说是长寿的，巨人能活到 30 周岁很不容易。而他最大的感受是，巨人是一家坚守阳光经营的企业。

"虽然我们不是最大的公司、不是最辉煌的公司、不是最出名的公司，但是巨人一定是非常阳光的一家公司。我们阳光在：我们对得起我们的员工、我们的消费者，我们该尽的社会责任都尽到了。"史玉柱在巨人 30 周年庆典上说出了这番话。

史玉柱说，巨人从创办那一天起，要求推出的每个产品都要能为消费者服务，能给消费者带来利益。巨人从汉卡、脑白金，到网络游戏《征途》等，每一个时期的产品都印证了，巨人是一家对得起消费者的企业。

《征途》采用时间免费、道具收费模式，刚投放市场时，在同行中引起非议，认为别的游戏对消费者是最公平的。史玉柱没有理会，"我们当时没有理会，过了两年，大家都采用这种免费模式。现在也没人说我们了，为什么呢，因为他们的收费模式和收费方法，我觉得还没有我们善待消费者。"回想巨人成立30年的推出的每一款产品，史玉柱觉得很阳光，每个产品都能对得起消费者。

巨人的阳光，还体现在对员工的关怀和激励上，"我们对于员工，我们整个管理层，我们努力想多为员工多创造好的工作环境、提供好的待遇，让他们加强幸福感，我们一直在努力这么做。公司每次有机会，在美股上市、回到A股借壳上市，我们都让骨干员工参加期权计划，分享我们这块蛋糕。"

同时，巨人30年发展中，史玉柱认为对社会尽到了企业该尽的责任。哪怕在巨人大厦被迫停工，企业面临破产情况下，欠老百姓的楼花钱，也最终兑现还清。"这30年中，我们不欠任何一家银行的钱，没有拖欠。我们有正常的银行的贷款，我们没有一笔晚一天还贷，没有赖皮过一分钱。我们在1997年困难的时候，珠海巨人欠的老百姓钱楼花钱，最终也都兑现了，我们不欠别人的钱。这30年，凡是和巨人合作过的公司，没有一个是亏钱的。只要和我们合作过，我们就有一个责任，不能让他亏钱。"史玉柱在巨人30周年庆典上这样说。

巨人的愿景是打造百年品牌。史玉柱曾预言，在科技大变革时期，人工智能、5G、区块链等技术将带来颠覆，今天鼎盛的公司几年后可能衰败。而对于巨人来说，过去30年巨人是一家非常阳光的公司，未来能否用好年轻人、阳光经营、拥有健康的企业文化，将决定巨人能否再活30年，甚至更远。

附：上海《征途》网络游戏发展大事记

2004 年 11 月 18 日	上海征途网络科技有限公司成立，第一款 MMORPG《征途》开始投入自主研发过程。
2005 年 11 月 15 日	《征途》内测。
2005 年 12 月 21 日	《征途》宣布永久免费，首次提出"公测不删档"。
2006 年 4 月 21 日	《征途》正式公测，公测当天最高同时在线人数突破 20 万。
2006 年 11 月 11 日	《征途》同时在线突破 68 万，本土原创作品第一次占据中国市场最高点。
2007 年 5 月 20 日	《征途》同时在线突破 100 万，成为全球第三款同时在线超百万的网游
2007 年 11 月 1 日	巨人网络在美国纽约证券交易所成功上市。
2008 年 4 月 26 日	《征途》同时在线达到 210 万，成为当之无愧的"中国第一网游"。
2008 年 5 月 3 日	《巨人》首轮公测中在线人数突破 34.4 万，创造了当时年度新网游最高纪录。
2009 年 1 月 14 日	巨人网络推出中国网络游戏业第一个天使投资——"赢在巨人"计划。
2009 年 11 月 18 日	巨人网络开始实行研发子公司制改革。
2010 年 11 月 19 日	《征途 2》开启不限号技术测试，当天在线人数突破 10 万人。
2011 年 9 月 16 日	旗舰新游《征途 2》公测。巨人网络宣布新旗舰游戏《征途 2》正式公测。这意味着《征途 2》及其开创的第三代网游商业模式正式推向市场。
2011 年 10 月 27 日	巨人网络正式成立"海外运营中心"主攻海外网游的代理运营业务。
2011 年 12 月 9 日	巨人首款代理网游《艾尔之光》公测。

2012 年 2 月 26 日	原动网先锋总裁吴萌正式加入巨人网络,担任副总裁一职,负责网页游戏产品规划及研发工作。
2012 年 4 月 20 日	《征途 2》突破 54.1 万在线的大关。
2012 年 7 月 27 日	巨人与奇虎 360 达成联合运营协议,推出《征途 2》的微端版本《千军》。通过此次合作,巨人将获得奇虎超 4 亿的用户资源和安全服务。
2012 年 8 月 30 日	巨人网络代理欧洲魔幻网游《巫师之怒》于 2012 年 8 月 30 日正式开启不删档测试。
2012 年 11 月 30 日	巨人网络王牌研发团队潜心开发的 3D 仙侠网游《仙侠世界》开启不限号封测。
2013 年 4 月 18 日	公司创始人史玉柱先生辞去 CEO 一职,刘伟女士担任 CEO,纪学锋先生担任总裁。
2013 年 4 月 19 日	《仙侠世界》启动内测,当天在线人数突破 10 万人,成为当年最成功的自主研发网游之一。
2013 年 7 月 24 日	巨人宣布获得韩国 3D 动作网游《苍天 2》在中国大陆地区独家代理运营。
2014 年 5 月 0 日	巨人首次公布巨人移动 2014 年手游战略,推出包括《中国好舞蹈》《撸塔传奇》等数十款手游产品。
2014 年 5 月 8 日	巨人推出全球首款智能化网游《江湖》。
2014 年 11 月	巨人集团创立 25 周年,巨人网络创立 10 周年纪念。
2014 年 12 月 2 日	推出公司核心 IP"征途"的首款手游作品《新征途手游》,由当红花旦杨幂代言。
2015 年 2 月 4 日	巨人推出流水过亿的 S 级手游《大主宰》手游,付费下载首日登顶 App Store 付费榜第一。
2015 年 7 月 17 日	巨人移动公布 2015 年手游战略布局:包括《Vainglory》等共计 20 余款顶级手游产品和 IP 首次震撼登场。
2015 年 10 月 23 日	公司旗下休闲手游《球球大作战》DAU 突破 100 万。

2016 年 1 月 4 日	公司创始人史玉柱宣布回归，带领全公司聚焦精品手游研发。
2016 年 3 月 2 日	世纪游轮重组获证监会有条件通过。
2016 年 3 月 5 日	《球球大作战》首届嘉年华成功举办，DAU 突破 1 000 万。
2016 年 4 月 7 日	巨人网络回归 A 股获证监会批准，公司重组完成。
2016 年 4 月 15 日	召开 2016 年员工大会，史玉柱倡导"狼文化"。
2016 年 4 月 17 日	《球球大作战》同时在线用户突破 110 万。
2016 年 5 月 5 日	《征途手机版》不删档测试开启。
2016 年 7 月 31 日	巨人网络等财团 44 亿美元收购凯撒旗下休闲社交游戏业务。
2016 年 8 月 17 日	巨人网络将布局互联网金融与医疗，定位综合性互联网企业。
2016 年 10 月 20 日	巨人每股 39.34 元向财团发行新股收购 Playtika，布局全球市场。

（巨人网络　阳光）

第四章

左手科技，右手文化
——盛趣游戏 "传奇" 归来

在游戏的跑道上，盛趣游戏一路狂飙。第一个十年，盛趣游戏意气风发、鲜衣怒马，成为中国网络游戏行业的开创者，也成为许多商业模式和行业规则的奠基人。当时的盛趣游戏年少有为，用无数的"第一"和"最大"来证明自己，在快速奔跑中不知疲惫。

第二个十年，盛趣游戏渐渐被身后人超过了，虽然社会关注的焦点已经不在自己身上，但前行的脚步并没有慢下来，盛趣游戏依然坚持做自己觉得有意义的事，调整了步幅，改变了配速，在移动互联网时代，主动从一家老牌的端游大鳄向手游转型；在内容为王的当下，盛趣游戏不再仅仅去维持一家以运营代理所见长的游戏公司的标签，而是把巨大的人力和财力投入到研发上，如今的盛趣游戏已经拥有超过1 800名研发人员，占到整个公司三分之二的比重。

在未来第三个十年里，盛趣游戏依然要去证明自己，一步一个脚印打磨精品，让优秀产品覆盖全球，将中华民族引以为豪的文化深远传播。盛趣游戏已经成为5G时代的实践者，未来也许是主导者。在这场漫长的"长跑"赛程中，盛趣游戏并没有掉队，正在快步赶上，重新成为那个万众瞩目的领跑者。

一、创业者与发展史

（一）自由生长，帝国初创

盛趣游戏的前身盛大游戏最初在1999年团队组建，以颇具传奇色彩的游戏为出发点，开创了轰轰烈烈的快乐事业。2001年，盛趣获取了韩国 Actoz 游戏《传奇Ⅱ》在中国的独家代理权，《热血传奇》横空出世，迅速登上各软件销售排行榜首，创下最高同时在线人数突破 60 万人的纪录，使得公司以最快的速度成为当时全球在线用户最多的网络游戏运营商，以及中国首个实现盈利的互联网企业。由此，盛趣游戏开创了中国网络游戏产业先河，在中国游戏产业史上写下了浓墨重彩的一笔，也在互联网第一次泡沫破碎时，重建了资本对中国互联网产业的信心。

《热血传奇》不仅是中国网游市场的引爆点，更是中国网游模式的奠基石和国内目前上线运营时间最久的网络游戏。这款游戏奠定了"打怪升级工会 PK"的游戏模式，影响了此后几乎所有 MMO 游戏；从点卡收费模式到免费游戏模式，《热血传奇》进一步降低了玩家进入游戏的门槛，也见证了游戏产业收费模式的进化。

《热血传奇》开创了一个数百亿规模的游戏品类——传奇类，从端游、页游到手游全品类覆盖。20 年里，盛趣游戏始终延续着《传奇》IP 的精神内核，又在《传奇》IP 中不断融入新的玩法，产出新的内容，吸引全新的用户。2015 年推出《热血传奇手机版》登顶 iOS 免费榜、畅销榜双榜，2020 年推出《热血传奇怀旧服》，以怀"旧"版焕"新"IP 生命。《传奇》IP 在不断的自我突破中成功打造了一个庞大的用户圈层，并沉淀出一种潮流、一个文化标志、一种精神象征，这个 IP 不仅没有风化在岁月长河中，还在不断迭代成长。

在网络游戏商业模式方面，盛趣游戏也形成了自己的发展思路，不断创新和变革。2002 年首创 E-sales 网游营销体系，成功营造了互联网赢利的新模式。E-sales 电子商务系统与网络游戏可以说是一个完美的结合，它成功地解决了困扰所有网络游戏产业中的物流、信息流、资金流问题，是对中国游戏产业所做的一个重大贡献。

2005 年，盛趣游戏开创网络游戏盈利新模式——"游戏免费，增值服务收费"，引领全球游戏行业模式变革。新模式下的盛趣游戏进入了一个新的业绩上升的通道，实现了业绩规模化和持续化的发展，奠定了在中国游戏产业的领军地位。

2019 年 5 月，世纪华通并购盛趣游戏的重组方案，获得了证监会的通过（见图 4-1）。这个历经三次资本市场洗礼的游戏企业，从美国纳斯达克当年最大规模上市游戏标的，终于回到了 A 股的舞台，一举成为 A 股第一游戏股。

图4-1 世纪华通重组盛趣游戏成功

（二）世代交替，不负盛名

2011 年，盛趣游戏前三季度实现营收 51.1 亿元，刷新了公司成立后的收入峰值。然而当时站在财富顶峰、叱咤互联网界的陈天桥却选择了急流勇退，几乎彻底消失在公众视野中。2010 年，陈天桥携家人移居新加坡，将盛大私有化，同时出售其在子公司的股份，而后，陈天桥致力于推动科学家在人脑领域的研究，隐退互联网江湖。

盛大集团中最受瞩目的资产，还是盛大游戏，也就是盛趣游戏的前身。这个资产标的成为众多投资机构争夺的焦点。一直到 2017 年，盛趣游戏的股权归属最终落地，控制权最终落在了世纪华通之手。同年，世纪华通 CEO 王佶出任盛趣游戏董事长，带领盛趣游戏迅速转型手游业务，盛趣游戏也成为国内互联网企业中第一个完成领导人交接的企业，迎来"王佶时代"。

在中国互联网行业正面临世代交替之际，作为中国第一代互联网企业，曾经的盛大，今天的盛趣游戏，已经通过并购、重组，率先完成了管理人的交接。在"游戏老炮"王佶的率领下，盛趣游戏定下了三个远期发展目标，一是从 A 股最大的游戏公司成长为全球游戏领军企业，二是创造一个可持续发展的新文化产业的新型业态，三是占据文化发展的制高点，更好地在激烈的世界文化竞争中掌握主动权。

进入王佶时代的盛趣游戏，在《龙之谷手游》《传奇世界手游》等爆款产品的带动下，重新回到快速上升的轨道，稳居行业三强。2017 年，殿堂级 PK 手游《传奇世界手游》上线；《龙之谷手游》登上 iOS 免费榜第一、畅销榜第二，并蝉联 iOS 全球收入榜前五。

（三）与趣同行，引领未来

为了更好地体现"科技赋能文化"的新文化产业定位，公司自 3 月 31 日起统一使用"盛趣游戏"作为公司品牌，并启用全新的品牌标识。此次启用新的品牌和标识，盛趣游戏不仅继承了盛大游戏深耕游戏产业 20 年积累的研发与运营底蕴，还将在保持行业领先地位的同时，持续探索极限科技，为用户带来更为极致的互动体验。新品牌名强调的是"趣"字，更为真实地传递出公司上下追求快乐的初心，代表着公司为快乐而生、为美好生活而生的使命。

以此为契机，盛趣游戏不再是一家单纯的游戏公司，而是一家深具价值的科技文化企业；盛趣游戏站上了一个全新的起点，从"精品化、全球化、新文化"三大战略方向进行迭代升级，肩负科技赋能文化的使命感全新出发。

二、目前概况

（一）企业发展

盛趣游戏是全球领先的网络游戏开发商、运营商和发行商，是推动中国互动娱乐产业发展的领军企业。盛趣游戏多年不断精进游戏品质，先后推出和运营了《热血传奇》《传奇世界》《泡泡堂》《龙之谷》《最终幻想14》等精品游戏，注册用户超过22亿。进入移动游戏时代，盛趣游戏先后成功发行代理游戏《扩散性百万亚瑟王》与推出自研游戏《热血传奇手机版》《传奇世界手游》《龙之谷手游》《辐射：避难所Online》等现象级作品。

盛趣游戏致力于通过互联网为用户提供多元化的娱乐服务。经过多年的发展，盛趣游戏一度发展成为集互动娱乐产品开发、运营、销售为一体，涉足周边产品、出版物，形成立体化品牌经营的集团化企业。盛趣游戏的使命是"为快乐而生，为美好生活而生"，立足"科技赋能文化"的新文化产业定位，盛趣游戏全面推进"精品化""全球化""新文化"三大战略。以科技为骨、文化为翼，用科技激活文化的精髓，致力于成为一家打造极致互动体验的科技文化企业。

成立至今，盛趣游戏不断发现与满足用户的普遍娱乐需求，向用户提供包括大型多人在线角色扮演游戏、休闲游戏、对战游戏、移动游戏，动漫、文学、音乐等在内的适合不同年龄层次用户群的互动娱乐产品，深受广大用户的欢迎。盛趣全力进行互动娱乐产品的自主研发，有研发人员三千余人，分布在韩国、新加坡以及中国的上海、成都、香港等地，研发覆盖从武侠、教育、生活到科幻的多种内容类型的互动娱乐产品，促使中国互动娱乐产业实现质的飞跃。

2001年，盛趣游戏运营《热血传奇》，创下当时全球大型多人在线游戏运营纪录，开创了中国网络游戏时代；2005年，首创免费模式，引领了全球游戏行业模式变革，从最初的E-sales系统成功营造了互联网赢利的新模式，到根据网络游戏环境现状开始的增值服务收费的

Shopping Mall 模式，盛趣游戏一直以创新的思维巩固自己作为行业领军者的地位。其中盛趣游戏的 E-sales 电子商务系统与网络游戏可以说是一个完美的结合，它成功地解决了困扰所有网络游戏产业中的物流、信息流、资金流问题，是盛趣游戏对中国游戏产业所做的又一重大贡献。

在 2008 年前后，盛趣游戏建立了包括产品测评、管理、销售和客户服务在内的世界级互动娱乐运营体系。在中国大陆 24 个省 65 个中心城市架设了总数超过一万五千台服务器，总容量允许 660 万用户同时在线。在全国拥有超过 54GB 独享带宽，分布在 117 个城市，并拥有遍布全国所有省市的超过 40 万家的线上、线下销售终端。

盛趣游戏拥有完善的运营体系、雄厚的研发实力及稳定优秀的管理团队，在运营上，盛趣游戏打造了客户管理中心 CRM 团队与 6+1 运营模型，形成了从用户管理到大数据分析、从云服务到线上线下活动打通的一整套标准。在研发上，研运一体化机制保证了产品长期稳定的版本更新，生命周期领先于行业。截至目前，盛趣游戏有近百款游戏在持续贡献利润，在运营产品中自研产品占比达到 50% 以上，上线 10 年以上的产品就达到 13 款。在公司团队方面，盛趣游戏整个业务核心管理团队从业平均年限超过 17 年，95% 都在这家公司服务了 10 年以上。

在营销渠道上，盛趣游戏集合了更多有效的方式，比如与百事、惠普、英特尔等国际知名品牌联手投入跨行业的市场推广，参加包括中国国际数码互动娱乐及技术应用展览会（ChinaJoy）、CS 数码精品博览会、中国国际网络文化博览会、中国国际通信设备技术展览会在内的近 20 个大中型展会等。所有这些数字，均创造了世界网络游戏企业的新纪录。盛趣游戏曾经是全球用户规模最大、收益额位居前列的互动娱乐企业，被誉为"中国网络游戏之王"。

2019 年，盛趣游戏顺利完成登陆 A 股的工作，站在全新起点的盛趣游戏，也树立了三个远期战略目标：从 A 股最大的游戏公司成长为全球领先的文化领军企业；创造一个可持续发展的新文化产业的合作共赢的新型业态；立足科技优势提升文化软实力，在更为激烈的世界文化竞争中，掌握主动权。

作为中国游戏产业开创者与变革者，盛趣游戏始终相信游戏不仅是面向大众的娱乐产品，同时也是以文化内容为核心的文化产品，理应承担传播文化、弘扬文明的责任，因此秉持着"带着敬畏心做产品，带着责任心做企业"的文化信仰，不断深化在文化创意产业的战略布局，将自身所擅长的商业化能力、游戏开发能力的优势充分释放出来，使产业价值与文化价值充分融合、相互赋能，让年轻人通过他们喜爱的方式与传统文化近距离互动

多年来，盛趣游戏在应对产业升级与变化时，始终走在行业前列，在即将到来的5G云游戏时代，盛趣游戏又率先从内容开发、渠道合作、商业模式、平台建设四个层面进行了准备。作为国内最早布局5G产业的游戏企业，盛趣游戏不仅成为中国移动5G消息的首批合作伙伴，还将与三大运营商共同打造基于5G消息的小游戏中心，共建运营商游戏生态。盛趣游戏已经做足了充分的准备，除了在行业内率先启动内容研发与技术开发外，在游戏内容与平台上积累了一定的先发优势，同时与包括中移动咪咕互娱、腾讯云、腾讯游戏等产业链上下游企业全面合作，共同实现5G云游戏领域的突破。

（二）企业战略

在新旧动能转换、消费升级的大环境下，网络游戏已经成长为新文化的代表，是全球新经济的增长引擎。盛趣游戏紧跟时代步伐，更新了精品化、全球化、新文化三大战略，与时代同频共振，向世界展示一种快乐的中国文化、中国新形象、中国新名片。

1. 精品化战略

品质的精度，决定了盛趣游戏的快乐之路能够走多远。

中国游戏产业与公司一样同样经历20年高速发展，如今正迎来新一轮的转型升级。精品是撬动产业升级的关键变量，盛趣要不断精进品质，用精品连接全球玩家，用创新诠释公司的快乐理念，用快乐文

化传播公司的价值观。

作为中国互联网 20 载进化变迁的见证者，盛趣游戏累计推出覆盖端游、页游、手游等众多产品，获得了 22 亿玩家的喜爱与支持。目前有近百款游戏在为公司创造利润，其中超过 40 款营业额超过千万量级，20 款超过五千万量级，分别有 10 款与 2 款产品跻身亿元俱乐部与十亿元俱乐部。在这些盈利产品中，盛趣游戏自研产品占比超过 50%。研运一体化机制保证了产品长期稳定的版本更新，生命周期领先于行业。

精品研发之外，盛趣游戏还有着完善的运营体系、强大的研发实力与稳定优秀的管理团队，盛趣游戏打造了客户管理中心 CRM 团队与"6+1"运营模型，形成了从用户管理到大数据分析、从云服务到线上线下活动打通的一整套标准。

2. 全球化战略

精品文化，全球表达，盛趣游戏用心塑造经典。

所致力于打造的快乐事业，是跨越地域、跨越种族、跨越文化的全球事业，这一事业需要企业站在全球视野高度，用精品游戏传承经典文化。盛趣游戏打造出的精品、讲述的经典故事，与全球玩家分享，推动中国游戏力量快速崛起，赢得世界喝彩。

作为曾在美国纳斯达克股票上市的企业，盛趣游戏在全球游戏市场都具备一定的知名度，在全球拥有五大研发中心，构建出一个可以辐射全球的发行体系，且在新加坡、韩国都直接拥有子公司。

对盛趣游戏来说，海外市场是其不可分割的部分，是公司重要收入来源之一，盛趣游戏也不断通过自研、代理精品游戏出海，提升海外收入占比。此外，基于世纪华通体系内，借助点点互动的海外发行强劲实力，盛趣游戏能够进一步深化海外游戏发行优势，推动海外优秀业务成为公司业务增长的新驱动力。

全球化战略加速 IP 游戏出海，盛趣游戏在海外市场取得了不俗成绩。以《龙之谷手游》为例，在港澳台地区上线后即登上 iOS 免费榜榜首、畅销榜前三，多次获得 iOS 精选推荐及谷歌手机应用商店热门推荐。

随后《龙之谷手游》又在韩国市场一举拿下 iOS 与安卓免费榜第一及畅销榜前十,获得了 iOS 与安卓双平台精品推荐。紧接着《龙之谷手游》又在东南亚市场上线再度爆发,在泰国、马来西亚、菲律宾、印度尼西亚、新加坡在内的东南亚地区多个国家 Google Play 免费榜第一,并取得 iOS 免费榜第一及畅销榜前三的好成绩。

3. 新文化战略

科技赋能,游戏破壁,盛趣游戏点亮中华文化魅力。

随着游戏的规模与受众不断扩大,越来越多高品质与正能量的游戏精品,推动整个产业打破文化壁垒;在科技赋能下,游戏化思维给用户带来更多的文化互动新体验,盛趣游戏的新文化战略将产业价值与文化价值相融合,用互动技术解锁用户对传统文化的沉浸式体验,点亮中华文化魅力,引领新文化产业升级。

在势不可挡的数字化产业浪潮下,网游企业作为缔造数字世界的一员,肩负着不容推卸的社会责任;盛趣游戏作为国内游戏领域的带头企业,始终相信游戏不仅是面向大众的娱乐产品,同时也是以文化内容为核心的文化产品,理应承担传播文化、弘扬文明的责任。

盛趣游戏秉持着"带着敬畏心做产品,带着责任心做企业"的文化信仰,不断深化在文化创意产业的战略布局,将自身所擅长的商业化能力、游戏开发能力的优势充分释放出来,使产业价值与文化价值充分融合、相互赋能,让年轻人通过他们喜爱的方式与传统文化近距离互动。

近几年,盛趣游戏在新文化领域全新布局——韵文博鉴,致力于打造新文化生态圈,与非遗传承人、艺术家、博物馆、相关机构等合作,不断扩展数字文化资源,共建文化遗产数字生态共同体。例如打造"互联网+中华文明""文物加"重点项目,由国家文物局指导利用互联网资源及数字手段,用文创衍生品、教育游戏、文物大数据、文旅结合等方式,积极传播中国优秀传统文化的同时,挖掘背后的文创价值。在数据上,韵文博鉴已经与三百家博物馆签约,完成近三万件国宝级文物的数字工程。同时，韵文博鉴还专注新文化产品线的孵化储备，如全球首个揭秘传统中国瓷器上釉工艺的艺术游戏电商 App——《釉彩》、与中国（海南）南海博物馆合作展现"海上丝绸之路"的全景 3D 模拟经营游戏——《南海更路簿》。除了"文化＋游戏科技"之外，盛趣游戏在韵文博见战略的探索下，还找到了更多产业价值与文化价值融合的模式，比如"文化＋互联网科技""文化＋电商科技""文化＋旅游""文化大数据＋教育课件"等。

（三）优势经验

1. 从模式创新到业务扩展，盛趣游戏不断超越自我

"行业领袖不在于市场份额，而在于是否引领行业模式"是盛趣游戏过去一直强调行业领袖的评判标准，也是盛趣游戏坚持在商业模式推陈出新、为行业思考未来发展的战略思维所在。盛趣游戏的成功，最突出的就是商业模式上的突围。

2005 年 12 月 1 日，在盛趣游戏刚刚发布历史最好业绩后，主动宣布商业模式转型，由原来的订阅模式转为增值服务模式，在宣布曾经让盛趣游戏一夜成名的《传奇》免费后，又宣布另外两款网络游戏《梦幻国度》和《传奇世界》也"永久免费"。

数据显示，2006 年中国网络游戏行业总市场规模高达 65.4 亿元，取得突破性增长的主要原因在于免费网络游戏。但盛趣游戏决不止步于免费模式所取得的成就，而是更加深入地推介了基于社区平台化的 CSP（即 come-stay-pay）模式，实现了作为发展之本的用户的沉淀和积累，给企业发展带来更大的发展后劲。

2006 年第三季度，盛趣大型游戏的 ARPU 由上一季度的 45.5 元增长至 51.6 元，涨幅达到 13.4%。ARPU 的持续增长充分表明，新的运营模式下收入是可以规模化的。在原来的模式下，提高游戏收入只能单一地通过吸引新用户和延长每个用户的在线时间来实现；而在新模式下，提高游戏收入可以依靠多种方式，包括提高在线人数，提高活跃付费用户数和提升 ARPU 值。

所以理论上，新的模式下，ARPU 的增长没有上限。2007 年第三季度，盛趣大型角色扮演类游戏的每个活跃付费用户的每月 ARPU 值又进一步上升到 59.7 元人民币，较上季度增长了 3.0%。

截至目前，网络游戏仍然是盛趣的主营业务，由于先前的平台建设已经架构起了牢固的基础，盛趣游戏又把游戏产品线的丰富以及现有产品的扩展作为重点，大型游戏和休闲游戏将继续稳定健康发展。盛趣游戏在拓宽内容渠道方面又有新的举措，在已有的自主研发、海外引进的基础上，又创造性地提出了针对国内网络游戏开发商的投资开发和针对国外著名游戏公司的合作开发的新思路。在已有盈利模式的基础上，盛趣游戏进一步拓展公司的商业模式，积极向海外市场拓展，扩张自身全球生态整合能力。目前，盛趣游戏旗下的游戏发行版图遍及全球，辐射 150 多个国家和地区，服务 22 亿注册用户。同时，盛趣游戏还牵手腾讯、KLab、Bethesda、Square Enix、咪咕互娱等全球顶级合作伙伴，共同打造游戏产业生态圈。

在经历了与韩国网络游戏运营商的著作权的纠纷之后，盛趣游戏深知自主研发的重要性。盛趣游戏在全球拥有五大研发中心，产品研发覆盖端游、手游、云游戏等品类，旗下近 40 款产品实现研运一体化。盛趣游戏花大力气自主研发的网络游戏有《传奇世界》《龙之谷手游》《辐射：避难所 Online》等。其中《传奇世界》是盛趣游戏自主研发的大型 MMORPG 游戏，自 2003 年 7 月问世至今，累计注册用户过亿，成为一款运营超过 17 年的经典网游（见图 4-2）。

在重视自主研发游戏的同时，盛趣游戏也丝毫没有放松在国际市场上寻找品质优良的网络游戏大作。盛趣游戏先后从海外引进的游戏有韩国 Ncsoft 的 3D 网络游戏大作"AION"、日本游戏开发商史克威尔艾尼克斯（Square Enix）开发的 3D 大型多人在线角色扮演游戏《最终幻想 14》等。

图4-2　传奇世界

向国内外网络游戏开发商、产业链领先企业投资开发或者运营网络游戏是盛趣游戏拓宽内容渠道的重要举措。2007年7月，盛趣游戏宣布收购国内网络游戏公司成都锦天科技发展有限公司。锦天科技是国内领先的大型多人角色扮演网络游戏的开发商和运营商，其运营两款自主研发的3D大型多人角色扮演类游戏《风云Online》和《传说Online》。2018年4月，盛趣游戏位于韩国的旗下控股子公司Actoz Soft以100亿韩元（约5 913万元人民币）投资韩国社交网络巨头Kakao旗下游戏子公司Kakao Games。Kakao Games游戏平台目前拥有超过5.5亿会员，业务覆盖手机游戏、PC游戏等。其母公司Kakao的业务范围从社交向电商、支付、广告、游戏等各个互联网领域进行拓展，其中聊天软件是韩国"国民级"社交软件之一，截至2017年5月，拥有2.2亿注册用户和4 900万月活用户，约占韩国人口的84%，影响力称得上是韩国版的"微信"。

盛趣游戏还积极寻求与国外著名游戏公司合作开发网络游戏。盛趣游戏与美国贝塞斯达游戏公司（Bethesda Softworks, LLC）合作的《辐射避难所》在国内大获成功，基于此，双发再次延续合作，携手推出辐射IP的首款网络版手游《辐射：避难所Online》（见图4-3）。该游戏由盛趣游戏旗下D.N.A工作室研发，B社全程监制，将辐射IP的元素还原至游戏内，实现了 IP 世界观与废土题材的延续，并以养成作为核心玩法，同时具有冒险探索和社交元素。

图4-3　《辐射：避难所Online》荣登App Store榜首

2018 年，在 AKB48 Team SH 出道新闻发布会上，盛趣游戏与 AKB48(China) 联合宣布正式推出 AKB48 正版授权手游《樱桃湾之夏》，AKB48 作为日本流行文化的招牌，它也是年轻人心中偶像团体的代名词。《樱桃湾之夏》以还原真实偶像经营养成和模拟经纪公司运营模式为核心特色，玩家将以偶像经纪人的视角打造自己的专属女团。在 2019 年盛趣游戏战略发布会上，盛趣游戏宣布与日本 KLab 株式会社再次达成战略合作，双方在延续爆款手游《Love Live! 学园偶像祭》合作之后，将继续推出《宝石幻想：光芒重新》。该游戏以"魔法"×"偶像"为主题，全新的"偶像 +RPG"的游戏理念，让多种多样主题的现场舞台与可爱绚丽的魔法战斗完美结合，目前该游戏在开放预约阶段。

2. 从品牌到文化，盛趣游戏在不断突破自我

（1）品牌初创：网络游戏发展初期，传奇的成功，为混沌的行业提供了范例。

首先，《热血传奇》奠定了一个成功游戏的范例、一个运营的模板、一个公司架构的模板。《热血传奇》游戏诞生之前，是一个网络游戏行业黎明前的黑暗，是一个混沌的时代，大家做游戏做得都很辛苦，但是大家做游戏都不挣钱，也不知道未来在哪里，方向在哪里，怎么做，怎么去摸索，都是摸着石头过河。

《热血传奇》成功之后大家才知道原来一个成功的游戏需要有很好的客服团队、运营团队、运维团队、技术团队、本地化团队等一些保障。现在大多数游戏团队的架构就是当年《热血传奇》成功之后所定下来的，它奠定了一个网络行业很好的模板和范例。

第二，开创了点卡直销的渠道模式，也就是我们现在所说的线上销售模式，它摆脱了长期以来被点卡渠道商所束缚的线下网吧的渠道。现在几乎所有的游戏都是采用了线上点卡销售的模式，而鼻祖就是《热血传奇》。

第三，首创了免费模式。免费模式也带动了整个行业的发展进步，整个游戏行业的年收入从 2005 年的 40 亿到 2015 年的 1 300 亿，推动它的一个核心加速器就是免费模式，免费模式源自传奇。

第四，《传奇》及盛趣游戏孕育了大批优秀游戏人才。盛趣游戏是整个游戏行业一直公认的"黄埔军校"。当年这些《传奇》的"老兵"现在都已经是各个游戏行业、游戏公司的中坚力量。

（2）品牌成长：从单款成功游戏到一个游戏系列的壮大过程。

2012 年，盛趣游戏旗下 2DPK 始祖网游《传奇 3》迎来公测；2015 年，盛趣游戏推出了《热血传奇手机版》；2016 年，《传奇永恒》是盛趣游戏使用虚幻 3 引擎自主研发的"3D 版传奇"。游戏以传奇 1.76 版本为基础，延续了传奇系列的玩法与强 PK 特性。随着时间的推移，传奇

系列持续扩容。

与此同时,盛趣游戏授权给外部公司诞生了很多页游和手游产品,这些产品获得了非常好成绩,同样也扩大了传奇的影响力,让玩家有一个全方位的立体的对于《热血传奇》品牌的感受。

为了确保传奇IP的口碑与品质,盛趣游戏也在积极推动私服、"山寨"传奇游戏的维权行动,更好地保护玩家的利益不被侵害,维护传奇品牌口碑,促进这一IP更加长久的发展。

(3)品牌文化:传奇文化成为中国游戏文化的一种特殊符号。

中国游戏市场有几个亿《传奇》的玩家,在十多年时间里面传奇的品牌已经进入他们的生活,成为他们生活的一部分。他们在《传奇》中的一些经历、感受、故事、体验都汇聚成了一个传奇的文化,他们有一个共同的前缀——热血传奇。热血传奇的文化到底是什么?

首先,《热血传奇》文化体现在玩家的特征和习惯,这已经成为中国玩家的标签。在于对练级痴迷、对PK的热爱、对荣誉的追求、对兄弟情谊的推崇,这些标签源自热血传奇。

第二,《热血传奇》是中国特有的玄幻思潮的源头,催生了玄幻文学。在《热血传奇》之前,大家应该都没有听说过玄幻文学。《热血传奇》游戏运营之后,游戏将传统武侠、西方魔幻、东方道术结合在一起,游戏的活动空间也从人界扩展至兽、魔、妖以及神界。很多网络写手和小说家纷纷仿效,诞生了一部又一部玄幻文学作品。

第三,传奇文化是日益迈向主流的游戏文化的代表,开创了一个新兴的网游产业。当今的网游产业是中国文化产业的一个骄傲,也是文化产业的一个重要支柱,成就了盛趣游戏。同样,它孕育了一大批玄幻文学的作家,也伴随了70后、80后一代人的成长,这些传奇玩家已经成为社会的中坚力量。当然,传奇玩家还在影响着"90后"和"00后"。

3.打造快乐文化的凝聚力,打造业内最优秀的团队

盛趣游戏以"为快乐而生,为美好生活而生"作为公司使命,也正是有了这样的参照,盛趣游戏一直将"精品化"作为自己的核心竞

争力。盛趣游戏董事长王佶认为，在今天这个时代背景下，文化行业已经越来越成为整个国民经济主要的大消费行业。如果过去40年是为了满足温饱的物质消费，未来的年代应该是以满足大家精神消费中文化消费为主的，因为人的生理需求是有限的，精神的需求是无限的。盛趣游戏不想只做为利润而生的公司，更多的是希望带给大家快乐，带给每一个中国人快乐。盛趣游戏的目标也从来不只是一家游戏公司，而是成为一家以科技为底蕴的互联网公司。

在快乐文化的凝聚力下，盛趣游戏拥有一支业内最稳定、最优秀的管理团队。整个业务核心管理团队从业平均年限超过17年，95%都在这家公司服务了10年以上。盛趣游戏十分重视人才培养，视人才为公司最宝贵的财富。

在公司内部，盛趣游戏为员工打造舒适愉悦的办公环境，并且通过奖励机制向卓越人才倾斜、定期组织培训等方式，为员工提供更多的成长空间。在实践中，盛趣游戏在首批获得国家文化产业示范基地的荣誉后，先后在上海、杭州、成都等地与多所重点高校合作建立了互动娱乐人才培训基地，进一步拓展公司的人才储备机制。

通过研发基地的建设以及自身的发展，盛趣游戏已经为行业输送了管理、技术、策划、运营等各领域人才，并且建立了诸如"盛趣军校"的一系列人才绿色通道的体制。像2006年10月启动的"寻找互联网未来精英"，就成为一个充实完善公司人才结构的良好平台。2007年初发起"英雄会"，继续在诚招各领域的精英型人才，也因此首创行业聚会的模式。这些举措是盛趣游戏一贯站在行业高度、长远发展立场上思考的反映。盛趣游戏在这方面的努力赢得了肯定，获得了"中国大学生最佳雇主"称号。2007年8月，盛趣游戏在企业管理、服务员工方面又出新招，提出了"像管理游戏一样管理企业，像服务用户一样服务员工"的口号，同时也提出了企业的价值在于不断帮助员工获得个人价值提升的理念。

游戏式管理，是指通过一系列从个人到组织的成长体系规划，为员工设计清晰的个人职业发展规划，借用经验值系统记录积累每个人的成长过程并予以汇报，以此将员工被动的运气型发展改变为主动的努力型发展，在不断激发员工的积极性、促进员工个人价值实现的过程中，实现企业组织的价值，最终达到员工个人价值与企业组织价值的和谐统一。

游戏式管理中，经验值是核心，是根据岗位性质、技能要求、任务难度、工作职责等相关指标确定的一个绝对值，用于记录和调整职级，是每个岗位的晋升和晋级的标准。盛趣游戏员工的经验值分为起始经验值、年度起始经验值、岗位经验值和项目经验值。经验值系统给予员工完全自主设计发展的空间，只要经验值达到相应的职级标准，员工即可"自动"晋级或晋升。在游戏式管理过程中，员工的成长和发展是公司考虑最多的问题。公司首先在系统中首先很好地建立了"双梯"员工发展模式，让员工可以自主选择管理岗位和专业岗位的发展路径；其次是建立了从初级到中级到高级，最终到专家级的职级大类成长系统，同时依据员工职级发展的需要建立了1—100级的职级成长空间，激励员工不断成长；最后，通过科学的定级方法，为每位员工赋予一个初始信息，即所在的双梯序列、职级大级和职级，让他们时刻明确自己所在的"位置"和下一步努力的"目标"。游戏式管理，把更多的管理自主权交给员工，充分调动大家的积极性，让员工在公平竞争的环境中，体会像"游戏"中一样成长的乐趣，同时也大大提高了公司的效率。

2018年初，盛趣游戏开展人才盘点工作。经过全公司历时1个多月的人才盘点和体系人才会议，甄选出公司层面的超过300位核心人才。盛趣游戏从制度、平台和资源三个方面为核心人才的激励和发展提供保障，VP责任制和完善的核心人才进入、退出机制保障了核心人才的良性动态循环，制定了个性化个人发展计划。资源方面，公司投入近千万，成立核心人才基金，为公司核心人才的发展提供专项资源支持。

与此同时，盛趣游戏还对中层管理者的能力标准进行了研讨和梳理，进行了 360 度评估，最终设计出了中层管理者能力模型，能够系统客观地对管理者能力有全面的认知。此外，盛趣游戏持续开展管理培训项目，采用"高管导师制 + 实战演练"的方式。高管导师带领学员研讨公司实际业务问题，课程最终呈现各自的解决方案，在实战中磨炼管理能力，自上而下夯实管理团队。2018 年 12 月，上海市就业促进中心发布了《2018 年青年（大学生）职业训练营项目评审结果公示》，盛趣游戏获得了 2018 年"青年（大学生）职业训练营项目"资格，成为第一个获得政府办学资格的上海本土互联网游戏公司，也是极少数获批职业训练营资格的企业之一。

三、重点产品

（一）《热血传奇》：开创中国特色网络游戏时代

1. 产品简介

《热血传奇》是盛趣游戏 2001 年推出的大型多人在线角色扮演游戏。也是一款以古老的东方奇幻和武侠文化为背景的 2D MMORPG 游戏。该游戏有武士、魔法师、道士、刺客四种职业，所有故事情节的发生、经验值的取得以及各种打猎、采矿等活动都是在网络上即时发生。整个游戏充满了魔力，具有东方色彩。

2. 产品成就

《热血传奇》的累计注册用户远超 5 亿，其 2002 年在线人数突破 70 万，市场占有率曾达到 70%，不光成为当时全球同时在线人数最高的网络游戏，还凭借惊人的市场占有率成为中国网游界公认的开山之作，见证了中国网游的历史。

《热血传奇》是上海著名商标，多次荣获玩家最喜爱的网络游戏，并多次蝉联年度十大最受欢迎的网络游戏称号。

3. 影响意义

《热血传奇》这款产品的成功，对盛趣游戏乃至整个游戏行业都产生了重要的积极作用。

首先，对盛趣游戏而言，《热血传奇》的成功，实质上是从单款游戏到系列游戏的成功，它为盛趣游戏孕育了一个具有强大生命力的经典IP。

由盛趣游戏传奇工作室打造的《热血传奇手机版》，就是由客户端网络游戏《热血传奇》改编而来的。自2015年8月7日登录iOS版，仅仅10几个小时，收获App免费榜第一、畅销版第三的好成绩。仅一周时间，成功登顶App Store畅销榜。

该游戏推出时间不久就荣获了金苹果奖——最受欢迎游戏产品、评委会游戏制作团队大奖（2015CGDA）、玩家最喜爱的移动网络游戏（2015金翎奖）、年度最具影响力网络游戏、最具人气手机游戏奖（2015金狗奖）、最佳端游IP移动游戏（2015金钥奖）。

此外，盛趣游戏授权给外部公司，诞生了很多页游和手游产品，这些产品获得了非常好成绩，同样也扩大了传奇的影响力，让玩家有一个全方位的立体的对于《热血传奇》品牌的感受。

当然盛趣游戏也严厉打击山寨、私服这样一些非法的传奇产品，这样才能够保障每一款传奇的产品都是精品，能够在这个市场上积累口碑，能够使热血传奇这个品牌进一步发展。

其次，《热血传奇》为游戏行业提供了成功的范例，成为网络游戏发展初期的引航者。《热血传奇》奠定了一个成功游戏的范例、一个运营的模板、一个公司架构的模板。它开创了点卡直销的渠道模式，摆脱了长期以来被点卡渠道商所束缚的线下网吧的渠道。而且它还首创了免费模式，数据显示，2006年中国网络游戏行业总市场规模高达65.4亿元，取得突破性增长的主要原因在于免费网络游戏。

（二）《传奇世界》：第一代自研网游鼻祖

1. 产品简介

《传奇世界》是盛趣游戏传世工作室自主研发的大型MMORPG游戏。是一款已运营超过14年的经典网游。《传奇世界》以人、修罗和魔族的三界纷争为主线，充满浓郁的东方玄幻神韵。在玩法层面，战法道职业设定、打宝PK、杀人红名、千人攻沙等经典特色传承至今。

2. 产品成就

至今为止，《传奇世界》累计注册用户过亿，最高同时在线人数超过 50 万。作为国内第一代自主研发的网游作品，不仅在网游行业发展史上具有里程碑意义，如今也依然是同类型产品中具有极大用户号召力的王牌产品。

《传奇世界》作为中国原创性民族网络游戏的典范，曾连续多年多次在政府部门及行业协会主办的相关活动中获得最受网络游戏玩家喜爱的网络游戏、最受欢迎的民族网络游戏、最受欢迎原创网络游戏以及最佳原创网络游戏等奖项，而"传奇世界"更是基于强大的市场影响力成为网游行业少有的"中国驰名商标"。

3. 影响意义

首先，《传奇世界》为盛趣游戏孕育了一个具有强大生命力的 IP，并诞下一系列 IP 产品。以《传奇世界 3D》为例，2008 年，由"传奇世界"IP 衍生的《传奇世界 3D》上线后，连续三个月位列腾讯游戏综合排行榜前十，并成功入选"中国原创游戏精品出版工程"，同时获评"2017 年度十大最受欢迎原创移动网络游戏"及金翎奖"最佳原创网络游戏"等多项荣誉。

其次，《传奇世界》的成功，为盛趣游戏在 MMO 领域奠定了雄厚的研发实力。而这一 MMO 研发实力，也成为盛趣游戏在游戏行业的重要标签。在盛趣游戏目前运营的产品中，自研的产品达到 43 款，自研率超过 50%，其中 MMO 品类有 28 款，占比超过 60%。这一研发优势一直从端游延续到手游，自 2015 年后，盛趣游戏连续推出多款精品 MMO 手游，《热血传奇手机版》《龙之谷手游》等都位列当时移动游戏的头部位置。

（三）《永恒之塔》：开创游戏营销新思路

1. 产品简介

《永恒之塔》是盛趣游戏于 2009 年推出的 3D MMORPG 巨作。其主题为"战争",故事围绕天族、魔族和龙族之间的矛盾冲突,铺展开宏大的世界观。《永恒之塔》采用先进的引擎打造出细腻唯美的西方魔幻世界和绚丽流畅的技能特效。其最为核心的竞技对战玩法、千人空中要塞对抗、野外对推、跨服多方混战等,也让《永恒之塔》成为端游界的标杆。

2. 产品成就

《永恒之塔》是国内最早开创"空战"玩法的网游,并于2009年获得玩家最喜爱的十大网络游戏、最佳3D网络游戏和最佳境外网络游戏称号。

值得一提的是,《永恒之塔》还因富有创意的亮点运营方式,荣获第16届中国国际广告节"中国媒介创新营销奖金奖"。

3. 影响意义

纵观《永恒之塔》长达十余年的运营之路,不难发现其中蕴藏着诸多亮点和创意。在2009年上线之际,《永恒之塔》曾把上海地标金茂大厦变身"永恒之塔",让不少年轻人眼前一亮。近年来举办的全国巅峰争霸赛总决赛、"冰"纷嘉年华、网综"飞翔吧! AION MAN"、REFLY年中盛典等,通过结合电竞、综艺、直播、嘉年华、地标、音乐等年轻人喜爱的泛娱乐形式,始终走在时尚的前沿,持续吸引年轻用户的目光。

(四)《最终幻想14》: 全球第一MMO树立与国际化游戏IP合作的典范

1. 产品简介

《最终幻想14》是由日本游戏开发商史克威尔艾尼克斯(Square Enix)开发的3D大型多人在线角色扮演游戏,早在2010年盛趣游戏就已宣布拿到了《最终幻想14》在中国大陆的独家运营权,并于2014年4月23日正式开启首测。

《最终幻想14》作为该系列的最新作品,主要讲述了路易索瓦把光之战士传送走之后的故事。

2. 产品成就

《最终幻想 14》从 2.0 版本开始，其用户数量一路飙升，从 200 万，到 500 万人，再到 1 400 万人，最终突破 1 600 万人。

其 5.0 版本《最终幻想 14：漆黑的反叛者》自推出后，IGN 直接给出 9.5 的高分评价，IGN 编剧对此评价道，"漆黑的反叛者"进一步巩固了《最终幻想 14》作为史上最伟大《最终幻想》游戏之一的地位，并向着史上最伟大的 MMORPG 游戏进军。

此外，盛趣游戏举办的《最终幻想 14》2019 Fanfest 线下活动，吸引了远超 6 000 名玩家前来，成为当年国内最大的端游线下活动之一。2019 年，《最终幻想 14》还获得了 2019 "金牛奖"——年度最佳整合营销奖。

3. 影响意义

首先，《最终幻想 14》的成功，为国内游戏行业树立了与国际知名游戏 IP 合作的典范，也为盛趣游戏今后与更多国际知名 IP 开展合作提供了宝贵的经验。

在《最终幻想 14》的本土化运营方法上，盛趣游戏提出"透明化"运营理念。它改变了传统运营游戏的方式，每逢重大更新必跟上相应的官方活动。《最终幻想 14》相比其他游戏而言，具有更加庞大体量的游戏内容，运营方希望玩家能够专注于游戏本身内容，在这个时候，运营越让玩家觉得透明，就越能说明成功。

其次，《最终幻想 14》的成功，侧面凸显出盛趣游戏在挑选合作 IP 方面的独特慧眼。《最终幻想 14》1.0 版本的反响并不理想，但盛趣游戏仍然坚持当初的选择，认为"最终幻想" IP 是具有潜力的。而《最终幻想 14》从 2.0 开始的逆袭之路，则证明盛趣游戏在挑选合作 IP 上，眼光独到。

值得一提的是，盛趣游戏于 2019 年还与国际知名游戏 IP "辐射避难所"合作。其推出的《辐射：避难所 Online》成绩不俗，自上线后，迅速登顶 iOS 免费游戏榜首，获得苹果应用商店的 Today 推荐和人气游戏推荐，揽获了 iOS 免费总榜及 TapTap 热门榜双榜第一。此外，《辐射：避难所 Online》还入选 App Store 2019 年度精选：游戏年度趋势"经典新生"。

（五）《龙之谷》：最具价值的游戏 IP

1. 产品简介

《龙之谷》是盛趣游戏 2010 年推出的 3D 革新竞技动作网游，以其无锁定的战斗方式、清新梦幻的游戏画面、爽快激烈的连招战斗、跌宕起伏的史诗剧情，吸引了大量年轻玩家。

目前，《龙之谷》经历 10 年 IP 运营，已经衍生出从游戏到音乐、大电影、动漫、周边等全产品链条，获得了市场的极大认可，游戏 IP 价值不断提升。

其中，《龙之谷手游》是一款原汁原味还原经典端游 IP 的 3D 动作冒险手游。拥有 Q 萌绚丽的视觉体验，高度还原了端游的世界观、剧情、人设等。游戏不仅能为玩家带来酣畅自由的指尖战斗体验，同时也加入了地狱犬、狮蝎及海龙等独创 boss 和难以预料的全新挑战，让玩家重温阿尔特里亚之旅。

龙之谷 IP 还在国内首次推出游戏改编 3D 大电影《龙之谷：破晓奇兵》，这个电影是由好莱坞团队历时两年精心打造，迪士尼制片人比尔·伯顿 (Bill Borden) 亲自操刀，中美一线原创动画团团强强联手，推出的当时技术最为纯熟的 3D 动画电影。故事集魔幻、冒险、家庭、爱情于一身，讲述了一场关于爱与勇气的冒险之旅。打破了一直以来国产动画电影受众群低龄的局面，目前国内少有老少皆宜且与好莱坞制作水准抗衡的作品。

2. 产品成就

《龙之谷》最高同时在线人数达 70 万人，已连续多年荣获由中国游戏产业年会评选的"游戏十强"——十大最受欢迎的网络游戏称号和年度十大最受欢迎 IP 游戏。此外，《龙之谷》还荣获 2011 年亚洲网络游戏大奖——中国最受欢迎网络游戏大奖、最佳技术奖和最佳设计奖。

在盛趣游戏品质保证与腾讯流量优势的加持下，《龙之谷手游》上线首日拿下 iOS 畅销榜第二、免费榜总榜第一的成绩，首月流水达到 10 亿元，并蝉联 iOS 全球收入榜前五，成为 2017 年一款现象级 MMO。

《龙之谷：破晓奇兵》从故事、内容、品质上，都可以算作中国动画的一个里程碑。上映首日，票房收入比例逆袭排片高出自己一倍以上的多部电影。好口碑助票房不降反升，上映第三天突破千万大关。

3. 影响意义

首先，《龙之谷》及其打造的泛娱乐文化生态圈，对盛趣游戏乃至整个行业都产生了深远的影响力，成为打造游戏 IP 文化圈的成功范例。

作为盛趣游戏重点培育的 IP，《龙之谷》的文化领域同样全面开花，陆续推出电影、动漫、音乐等泛娱乐内容，在创造全新的互动娱乐生态同时，也极大丰富了产品内涵。

其次，《龙之谷》IP 还衍生了众多产品，成绩不俗。不断衍生了《龙之谷》IP 的内容，同时也丰富了盛趣游戏的产品矩阵。

以《龙之谷手游》为例，《龙之谷手游》海外版率先登陆港澳台地区，跻身 iOS 免费榜榜首、畅销榜前三，多次获得 iOS 精选推荐及谷歌手机应用商店热门推荐。《龙之谷手游》在韩国市场一举拿下 iOS 与安卓免费榜第一及畅销榜前十，获得 iOS 与安卓双平台精品推荐。

《龙之谷手游》在东南亚市场上线再度爆发，在泰国、马来西亚、菲律宾、印度尼西亚、新加坡等东南亚地区多个国家位居 Google Play 免费榜第一，并取得 iOS 免费榜第一及畅销榜前三的好成绩。

值得一提的是，在 2019 年盛趣游戏战略发布会上，还公布了《龙之谷》IP 衍生的最新产品《龙之谷 2》。《龙之谷 2》并没有遵循同类产品的一贯作风，续作只是对前作的简单升级。相反，《龙之谷 2》从里到外都有着不同程度的改变，以求带给玩家不一样的体验。

（六）《热血传奇手机版》：引领中国端游 IP 改编手游浪潮

1. 产品简介

盛趣游戏传奇工作室打造的《热血传奇手机版》，是由客户端网络游戏《热血传奇》改编而来的，由 80 人团队历时两年研发、腾讯游戏运营的 2D 角色扮演手机游戏。于 2015 年 5 月 13 日正式发行，2015 年 6 月 23 日内测，2015 年 8 月 1 日公测。该游戏设置了战士、法师、道士、弓箭手和刺客五种职业。沿用了《热血传奇》的大部分内容，玩家通过练级和获取装备强化角色，并可以组建行会参加沙巴克争夺战。

2. 产品成就

《热血传奇手机版》自 2015 年 8 月 7 日登录 iOS 版，仅仅 10 几个小时，收获 App 免费榜第一、畅销版第三的好成绩。仅一周时间，成功登顶 App Store 畅销榜。

该游戏推出时间不久就荣获了金苹果奖——最受欢迎游戏产品、评委会游戏制作团队大奖（2015CGDA）、玩家最喜爱的移动网络游戏（2015 金翎奖）、年度最具影响力网络游戏、最具人气手机游戏奖（2015 金狗奖）、最佳端游 IP 移动游戏（2015 金钥奖）。

3. 影响意义

在 2014 年及 2015 年初已进行了数次技术体验的《热血传奇手机版》，已经从技术上实现了"千人同屏"，从而创造性地在手游中真正再现了热血传奇端游特色之一的万人攻城盛况。

《热血传奇手机版》已经不是一款游戏那么简单，而是突破传统手游局限的技术，引领了手机游戏大型化、精细化、丰富化、内涵化的发展方向，开启了大型 MMO 端游向手游改编的进程。

附：大事记

2001 年　《热血传奇》上线，开创中国网络游戏时代。

2002 年　首创 e-sales 网游营销体系，《热血传奇》最高同时在线人数突破 60 万。

2003 年　自主研发第一款网络游戏《传奇世界》，《传奇世界》最高同时在线人数突破 30 万。

2004 年　《泡泡堂》最高同时在线人数突破 70 万，成为中国第一款大获成功的休闲网络游戏。收购 Actoz 公司股权，成为国内首个收购海外上市游戏公司的企业。

2005 年　《传奇世界》最高同时在线人数突破 50 万。开创网络游戏盈利新模式——"游戏免费、增值服务收费"，成为主流的游戏商业模式。

2007 年　收购成都锦天科技，推出网页游戏《纵横天下》，引领行业网页游戏发展大趋势。

2009 年　在美国纳斯达克成功上市，成为当年纳斯达克规模最大的 IPO。《永恒之塔》上线，金茂大厦"变身"《永恒之塔》。

2010 年　收购《龙之谷》开发商 Eyedentity Games。与 Square Enix 达成战略合作，获得《最终幻想 14》等世界级大作中国大陆地区独家运营权。

2012 年　《龙之谷》启动网游大电影计划，盛趣游戏迈入打通娱乐全产业链的新阶段。

"传奇世界"荣获上海市著名商标。

2013 年　一季度手机游戏营收过亿元，率先实现移动战略转移。推出卡牌手游《百万亚瑟王》，成为 2013 年最受用户欢迎的手游之一。"热血传奇"荣获上海市著名商标。

2014 年　首部网络游戏改编 3D 大电影《龙之谷》上映。

2015 年　《热血传奇手机版》登顶 iOS 免费榜、畅销榜，掀起端游 IP 手游化浪潮。《传奇世界》获中国驰名商标。

2016 年　自主研发网络游戏《传奇永恒》大获成功，入选年度十大最受欢迎的客户端网络游戏。宣布与腾讯达成《传奇世界》手游、《龙之谷手游》战略合作。

2017 年　殿堂级 PK 手游《传奇世界手游》上线。《龙之谷手游》

iOS 免费榜第一、畅销榜第二,并连续两个月位列 iOS 全球收入榜前五。

2018 年　腾讯 30 亿元人民币战略入股。《传奇世界 3D》上线登顶 iOS 游戏免费榜第一,进入 iOS 游戏畅销榜前五。

2019 年　正式启用"盛趣游戏"作为全新品牌标识。成功登陆 A 股,市值、营收位列 A 股游戏股第一名。

2020 年　5G 云游戏快速布局,联合中移动咪咕互娱布局原生云游戏。战略合作腾讯云,共建云游戏生态。

（赵继文、李璐良、朱帆、王目犁、王辉）

第五章

十年一剑，游族的全球化生长

一、创业者和发展史

林奇先生于 2009 年创办游族网络，总部位于上海，在德国、新加坡、日本、韩国、印度等十余个国家设立了子公司，成功推出《少年三国志》系列、《盗墓笔记》系列、《权力的游戏》系列、《山海镜花》等数十款知名游戏产品。2014 年，游族正式登陆资本市场，成为国内 A 股主板第一支游戏股；2015 年，收购了中国领先的大数据公司掌淘科技，布局大数据业务；2016 年，成功收购德国第三大游戏公司 Bigpoint，强化全球研运一体化战略布局。此外，林奇先生布局泛娱乐产业，创立了三体宇宙公司，获得《三体》三部曲全球永久独家版权，汇集全球顶级资源对《三体》进行全产业链开发，包括教辅材料、有声读物、动漫、游戏、美剧、影视、商业衍生品零售等。

林奇先生不仅在全球化游戏研发与发行、IP 研发运营管理、大数据与人工智能等领域颇有建树，带领企业快速发展的同时，还具有极强的社会责任感。他表示一切成绩均得益于这个时代带来的机遇，也期望以对社会的责任和担当向时代致敬。2015 年，林奇创立了游族公益基金会，投身公益事业回报社会；同时，林奇积极履行行业责任，于 2016 年联合上海十家游戏企业共同成立了上海网络游戏协会并担任会长，力推泛娱乐产业升级和人才培养。

作为"80 后"企业家，林奇身上充满了改革的魄力及拼搏的冲劲，同时也兼具从小浸润书法诗词的传统文化气韵，始终致力于传承和弘扬中国优秀文化，在"以科技传颂文明"的使命指引下，他注重提升产品的内在文化价值，在其中烙印中国精神、中国价值和中国力量，为中国文化的全球影响力提升做出贡献。

关于下一个十年的思考：从适者生存到"识"者生存

今年年会在迪士尼举办我很开心，迪士尼乐园被称作全世界最快乐的地方，我们所从事的同样也是给用户带来快乐的产业，我希望每位族人都保持年轻快乐的心态，充满激情、敢想敢做。"当全世界在催你长大的时候，迪士尼还在陪你做梦"，我们游戏人也是同样，我们依然还在坚持年少时的游戏梦想。

如果有一天迪士尼不要门票了，免费给大家参观，会不会倒闭？没有人觉得迪士尼会倒闭。但如果这个问题放在游戏行业，当玩家在游戏里面不充值了，那游戏公司要怎么活下去？我们一直在探讨这个问题。整个游戏产业虽然已经到了两千多亿规模，但距离上一次大规模的商业模式变革，已经过去了 14 年，到今天为止我们还在依赖游戏的娱乐属性，玩家不在游戏里付钱的时候，游戏本身的商业模式就不成立了，所以我在思考下一个十年游戏产业的多元价值，除了娱乐属性产生商业价值，更多元价值是什么？我想，IP 这种商业模式产生的价值可能至关重要。

今年年会的主题是"丛生"，我觉得市场经济发展到今天，我们过去所有的红利都已经享受殆尽的时候，已经不能用曾经的丛林法则来生存。下一个十年你赚到的钱、你创造的事业都将来源于你认知的高度，也就是"识"者生存。文化审美的红利也是我们一直在探讨的，上海的游戏公司的特产是什么？我相信是文化和审美。最后是工业化效率的红利，在整个国民经济每一个行业，现代化管理、现代化工程理念、工具和效率提升都是企业经营的重要课题。

公司内部组织也将相应进行布局，我在这里先简单提及，我希望每一位员工面都能以拥抱变化的心态来支持。大致可以体现在几个方面：第一，我们要强化战略和行业、用户研究。第二，围绕 IP 经营与研发，成立专门的 IP 发行部门。另外，在创新业务方面，游族在 2020

年持续投入。新加坡分公司在人工智能方面取得了很大突破；云游戏我认为是下一个十年里很重要的（方面），过去一年我们在云游戏方面取得了一定成绩，接下来还将有更快发展。

上一个十年里，我们在丛林中活了下来；下一个十年里，我们要从丛林走出去，走出自己的特色。而这段路程，我希望和重文化、知产品、懂用户、尽责任的每一位员工同行。

选自 2020 年 1 月 17 日林奇讲话稿

二、游族网络概况

游族网络股份有限公司（SZ.002174），成立于 2009 年，是中国领先的互动娱乐供应商。公司总部位于上海，在德国、英国、印度、新加坡、日本，韩国等地设有分支机构。以"创造全球娱乐经典"为愿景，游族网络立足全球化游戏研发与发行，知名 IP 管理，大数据与智能化，泛娱乐产业投资四大业务板块全面发展。2014 年 6 月，游族网络正式登陆 A 股主板。

公司业务聚焦中国及海外市场移动游戏和网页游戏的研发、发行及运营，坚持"精实增长"战略，立足"精品化、全球化、大 IP"三大方向，积极响应"文化出海"的号召开拓海外市场，尤其强化大亚洲区域发行能力，加强海外品牌的影响力，促进传统文化与游戏产业的融合与创新。

经过多年积累，游族网络成功推出了《少年三国志》《少年三国志 2》《狂暴之翼》《盗墓笔记》《天使纪元》《女神联盟》系列、《权力的游戏 凛冬将至》《山海镜花》等多款知名游戏产品，在海外积累1 000 多个合作伙伴，发行版图遍及欧美、中东、亚洲及南美等 200 多个国家及地区，全球累计近 10 亿用户，海外收入赶超国内市场，全球化优势凸显；收购欧洲老牌游戏公司 Bigpoint，加码游戏主业，显著提升全球一体化研发及发行实力；成立印度子公司，前瞻性布局新兴游戏市场，进一步拓展海外业务版图。

与此同时，游族网络积极布局未来，着力业务模式的持续创新，拥有中国科幻史上第一巨作《三体》版权，以 IP 为核心打造系列电影、游戏、动漫、小说、商业地产等大文化产品体系；获得知名 IP《盗墓笔记》授权，携手南派三叔共同塑造全球经典文化品牌；借日本二次元经典游戏《刀剑乱舞 –ONLINE–》切入二次元市场，发起 IP 跨国联合孵化模式，实现二次元精品从引进、原创到输出的升级；与华纳兄弟互动娱乐开展战略合作，获得官方正版授权，开发了《权力的游戏》改编游戏。

未来，游族网络将继续借助资本力量，以大 IP 为核心聚合资源，以大数据为基础开发产品，打造系列娱乐文化产品，成为全球领先的互动娱乐供应商。

三、重要产品及业绩

截至 2020 年 4 月末，公司运营超过 50 款网络游戏，包括卡牌类（《少年三国志》《少年西游记》《少年三国志 2》《圣斗士星矢：觉醒》）、山海镜花类、SLG 类（《权力的游戏 凛冬将至》《战神三十六计》）及 MMO 类（《天使纪元》《狂暴之翼》）。

公司拥有 6 个游戏开发工作室，并通过大中台的设立，制定标准和机制，集中管控，分布式执行，减少沟通成本，提升协作效率。

（一）自研：《少年三国志》

《少年三国志》（见图 5-1）是由游族网络研发的一款现象级三国题材角色扮演类手游，该作于 2015 年 2 月 12 日正式公测上线。游戏内，三国英雄重返 16 岁少年时期。而玩家将扮演一名身怀绝技的神秘少年，出手拯救年少的刘、关、张三兄弟，以三国英雄们的少年视角，重走三国乱世旅程，并踏上一统三国的征途。游戏运营至今，全球累积用户过亿人，营业额超 60 亿元。成为卡牌游戏中的标杆之作。

图5-1 《少年三国志》

　　《少年三国志2》（见图5-2）是一款三国题材的卡牌手游，作为《少年三国志》的正统续作，产品延续了优质的成长体验，力邀知名画师加盟，打造精美画风，更添加独创玩法，吸引更多热爱三国题材的游戏玩家。游戏已于2019年12月11日启动全平台公测。上线当月获得硬核联盟明星产品推荐，魅族年度人气游戏，OPPO、UC、魅族新游榜第一，前三月累计营业额突破10亿元。

图5-2 《少年三国志2》

　　《山海镜花》（见图5-3）是一款以山海经为蓝本的3D回合制RPG手游，游族网络新番工作室匠心研发，顶级画师精心描绘，明星声优倾情演绎。行大荒异世，观山海万象，集东方奇美。游戏凭借别具一格的"新国风"概念受到用户和渠道认可，上线前全网预约突破

450万人，获得硬核联盟4月明星产品和苹果商店推荐。2020年4月29日游戏全平台上线。

图5-3 《山海镜花》

《权力的游戏：凛冬将至》（见图5-4）是由华纳兄弟互动娱乐通过HBO许可下正式授权，游族网络研发的一款以传奇史诗巨制《权力的游戏》（Game Of Thrones）为蓝本开发的新一代3D策略游戏。该手游为HBO正版授权。游戏秉承中世纪奇幻风格，以经典IP元素还原、精美游戏画面、创新策略玩法三大特色为依托。玩家可以在游戏中操控原著中各个经典英雄人物征战四方，登上铁王座，谱写属于自己的史诗篇章。游戏由腾讯独家代理国内发行，并荣获第十一届CGDA最佳游戏动画表现奖。同名页游2019年3月海外公测，运营一年，营业收入稳居页游SLG品类的首位。

图5-4 《权力的游戏：凛冬将至》

《天使纪元》（见图5-5）是游族网络打造的一款3D魔幻MMOARPG手游。讲述了魔族觉醒并入侵人间的故事，玩家可扮演狂战士、魔法师、圣射手等职业，与人类一起对抗魔族。游戏拥有精灵、坐骑、翅膀等战斗培养元素，还引入竞技场、血色争霸等PVP玩法。手游《天使纪元》上线3月注册用户人数过一千五百万，日营业额峰值过千万元，上线后接连霸占腾讯应用宝，360游戏平台新游下载、收入榜双榜榜首。

图5-5　《天使纪元》

《女神联盟2》（见图5-6）是游族网络推出的一款女神养成卡牌RPG手游。游戏由卢泰佑领衔23位韩国知名画师打造精美韩式画面，动态特效展现电影级演出效果。《女神联盟2》作为游族网络经典自研IP的续作，在沿袭经典的基础之上，通过差异化打造实现IP的焕新，为所有玩家带来全新的"女神"风潮。自2018年9月7日首发之后，受到了诸多玩家的关注和喜爱，在西方魔幻女神养成系列中占据了重要地位。

《三十六计》手游（见图5-7）是游族网络研发的次时代战争策略大作。游戏背景设立在东汉末年群雄辈出的时代，玩家将化身一方诸侯指挥数百位耳熟能详的英雄豪杰谋夺天下。游戏秉承着微操作、轻休闲这一理念，除了传统的SLG内容外，还率先引入了跨服国战、王者之巅、军团远征、诸侯乱斗等全新玩法，轻松而又颇有深度的游

图5-6 《女神联盟2》

戏系统可令玩家重回三国，体验一把成为一方霸主的乐趣与不易。
权利的交替更迭、百姓的生死存亡、乱世的历史走向将统统由玩家主宰，
三军齐出战八荒，连天烽火一触即发！

图5-7 《三十六计》手游

《新盗墓笔记》（见图5-8）是由南派三叔正版授权的盗墓题材
MMO手游。游戏完美还原原著剧情和世界观，在游戏中增加探险元素，
打造一个全新的盗墓世界，游戏采用独特的解谜式玩法融合夺宝策略，
让玩家通过墓葬文化了解中国传统文化。游戏于2020年开启公测。

图5-8　《新盗墓笔记》

　　《少年三国志：零》（见图5-9）是一款三国题材的策略卡牌手游，游戏传承少年系列的热血画风，融合策略卡牌与实时竞技，并采用POV的方法，让玩家在游戏中可以体验不同的历史角色，从不同的角度了解历史，给玩家提供全新的卡牌游戏策略体验。游戏于2020年开启公测。

图5-9　《少年三国志：零》

（二）代理

　　《狂暴之翼》（见图5-10）是游族网络推出的欧美魔幻3DARPG手游，国内首个全面应用苹果Metal技术的手游产品。游戏拥有个性鲜明的角色造型、丰富多样的玩法、颤心炫酷的打击感。经过反复打磨和优化，此产品的视觉设计、操作反馈、玩家目标规划与情感满足，都能为玩家提供良好的游戏体验。

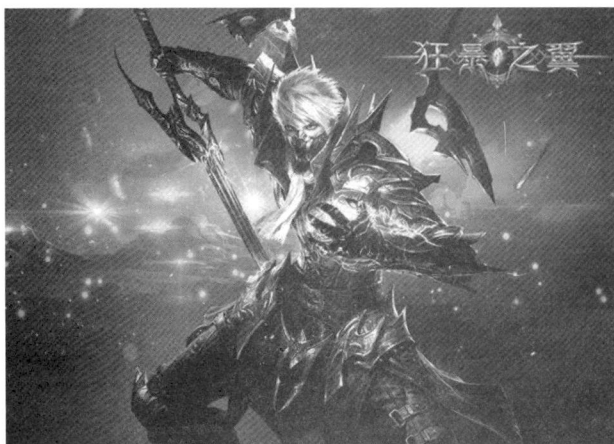

图5-10 《狂暴之翼》

《圣斗士星矢：觉醒》（见图 5-11）是由腾讯研发，车田正美工作室正版授权的策略卡牌手游，游族网络代理海外发行，游戏自 2019 年海外上线至今，成为 2019 年度海外各区域市场最受欢迎日系策略卡牌手游之一，并获得外媒 2019 最佳动漫改编游戏、最佳 IP 授权手游等荣誉。取得法国、巴西及印尼等 17 个国家和地区游戏畅销榜榜首，获得 Google Play 及 App Store 等应用商店各栏目推荐超 800 次。在欧美市场成为华为 App Gallery 收入最高成绩的产品并获得华为专项推广支持，也是华为荣耀 8X 在拉美区域唯一联动的游戏品牌。

图5-11 《圣斗士星矢：觉醒》

《荒野乱斗》（Brawl Stars）是由 Supercell 公司研发的一款团队竞技类手机游戏。玩家将会在游戏中操作荒野乱斗里各种英雄，根据不同的地图机制进行竞赛。游戏以卡通风格为主，并且由 Supercell 专业画师对角色以及游戏场景设计打造。游族网络将与 Supercell 合作参与国内游戏发行业务。

图5-12　《荒野乱斗》

四、重要事件

（一）上市

2014 年 6 月 4 日，游族网络宣布，其借壳梅花伞正式完成，梅花伞正式更名为游族网络，股票代码保持不变。至此，游族网络成功借壳梅花伞登陆 A 股市场。

2013 年 10 月 23 日，梅花伞发布公告称，公司拟出售全部资产及负债，并以发行股份方式收购上海游族信息技术有限公司 100% 股权并募集配套资金。根据重组方案，梅花伞拟向董事长林奇等 8 名交易方非公开发行 1.93 亿股，每股发行价格为 20.06 元，交易总价为 38.67 亿元。交易完成，游族信息完成借壳上市，而梅花伞由伞具制造商正式转型为一家网络游戏类上市公司。2014 年 3 月 28 日，公司重大资产重组方案获得中国证监会核准，此次更名完成标志着公司重组正式收官，成为国内 A 股主板第一游戏股。

（二）出海

作为中国最早开拓海外市场的游戏公司之一，游族网络很早便开始了出海业务。2013 年，游族网络将魔幻题材网游《女神联盟》推向了欧美市场，成功打开了海外市场， 2016 年底，游族全球发行的《狂暴之翼》（"Legacy of Discord – Furious Wings"），在海外成功登顶57 个国家及地区的 App Store 及 GooglePlay 畅销榜，成为 2017 年海外最畅销的 ARPG 手游，被中国游戏产业协会评为 2017 年度十大最受海外欢迎游戏，位列中国手游海外收入排行榜前五。

（三）经验

公司专注于网络游戏的研发、发行及运营，并在"精品化、全球化、大 IP"三个方面形成自身的核心竞争力。

1. 精品化优势

公司自研和代理并重，专注精品化研发与精细化运营。SLG 游戏品类中， 手游《权力的游戏 凛冬将至》由腾讯独家代理国内发行，获得第十一届 CGDA 最佳游戏动画表现奖；在卡牌游戏品类，手游《少年三国志》的续作《少年三国志 2》，上线当月获得硬核联盟明星产品推荐，魅族年度人气游戏，OPPO、UC、魅族新游榜第一。

公司在发行方面针对不同市场有的放矢，在国内发行方面以自研产品为主，与国内主要渠道进行深度对接，通过与字节跳动、腾讯广告、快手、百度、UC 等平台的技术对接，通过对用户的精准数据标签，提升投放效率。在海外发行发面采用自研、代理互补的策略。在海外发行自研页游《权力的游戏：凛冬将至》（"Game of Thrones: Winter is Coming"）PC 版以及由腾讯研发、车田正美工作室授权的策略卡牌手游《圣斗士星矢：觉醒》（"Saint Seiya Awakening; Knights of the Zodiac"）。公司在保持欧美、港澳台、东南亚等地区的市场优势同时，结合本地化的产品选择和营销手段，重点开拓日本、韩国市场，其中《华武战国》在日本地区获得良好的市场反馈。XX 年林奇被授予全国出版领军人物奖（见图 5-13）。

图5-13　林奇（左二）被授予全国新闻出版领军人物证书

2. 全球化战略

公司作为文化产业从业者，大力推动文化"走出去"，将游戏中承载富有中国元素的音乐、动画、文字等通过游戏拉近与世界人民的距离，让更多的公众了解中国传统文化。在发行发面，公司也根据不同市场的文化和认知调整发行策略和方式，通过匹配不同区域玩家的偏好打造定制化的游戏素材，更有针对性地结合用户游戏特性打造专属活动。《圣斗士星矢：觉醒》（"Saint Seiya: Awakening"）获得2019年度谷歌东南亚地区最佳竞技奖；印度分公司产品"LUDO"获得谷歌最佳休闲游戏奖。

公司已经积累了包括Facebook、Google等在内的近1 000个海外合作伙伴，覆盖平台、媒体、运营等领域。公司还与华为等硬件厂商在出海道路上深度合作，已加入华为出海开发者招募活动，公司发行的《圣斗士星矢：觉醒》在欧美市场成为华为App Gallery收入最高的产品并获得华为专项推广支持，也是华为荣耀8X在拉美区域唯一联动的游戏品牌。

公司获得App Annie颁布的2019年度中国厂商出海收入排行榜的

第 19 位，并连续六年入选"中国互联网企业 100 强"，全资子公司上海游族信息技术有限公司入选 2019—2020 年度国家文化出口重点企业。

3. IP 战略深入

公司自研"少年系列"IP 进一步扩容，推出卡牌续作《少年三国志 2》，两款游戏经福布斯世界纪录认证审核，创造了"最受欢迎的三国卡牌游戏品牌"世界纪录。公司仍将进一步扩充自研 IP，在 2020 年推出《少年三国志：零》，深耕"少年系列"IP，深化"少年"品牌。通过与传统文化跨界联动的方式，携手四川省川剧院，开启文创合作项目"国风少年守护计划"，将品牌影响力覆盖到更多潜在用户群，并通过 IP 联动等方式，给产品注入新的活力。

在引进 IP 方面，先后上线"Game of Thrones Winter is Coming"页游以及《权力的游戏：凛冬将至》国内手游。其中，"Game of Thrones Winter is Coming"页游海外已上线英、德、法、葡等 14 种语言，并五次获得 Facebook 全球推荐；《权力的游戏：凛冬将至》手游未上线即得到苹果官方首页推荐。公司于报告期内分别在港澳台、东南亚、韩国以及欧美市场发行由车田正美工作室正版授权的策略卡牌手游《圣斗士星矢：觉醒》，该产品成为 2019 年度海外各区域市场最受欢迎日系策略卡牌手游之一，并获得外媒 2019 最佳动漫改编游戏、最佳 IP 授权手游等荣誉。

附：大事记

2009 年　游族网络成立；首款页游《三十六计》上线。

2010 年　《三十六计》中国区累计开服数突破 300 组；输出到港澳台、新马菲等地区。

自研创新型武侠页游《十年一剑》正式上线。

2011 年　游族网络《三十六计》《十年一剑》中国区开服数双双突破 500 组。第四款产品《一代宗师》获得游戏工委"最受期待页游大奖"。

2012年　游族网络首次大规模登陆 ChinaJoy。《大侠传》《一代宗师》等多款产品上线，荣获多项大奖。

2013年　精品战略迎来大发展。首款手游《萌江湖》月流水千万元。《女神联盟》页游用户流水双破亿元。

2014年　游族网络成功上市，登陆国内 A 股。大 IP 战略全面升级，获得《三体》版权。泛娱乐投资启动，布局泛娱乐领域

2015年　《少年三国志》手游20天营业额破亿元。大数据业务升级，收购掌淘科技。全球化深度布局，海外收入首超国内。

2016年　获《盗墓笔记》IP 授权，同名页游上线。《狂暴之翼》成"海外第一 ARPG"。获得日本知名 IP《刀剑乱舞-ONLINE-》页游、手游中国地区独家发行权。

2017年　获得《权力的游戏》手游改编授权，与华纳互动娱乐达成战略合作。全球化战略深入，入选 BrandZ ™中国出海品牌 30 强。

2018年　践行精实增长战略，聚焦高品质研运。《天使纪元》《女神联盟 2》《三十六计》等多款手游表现优异。

2019年　游族网络十周年。《权力的游戏 凛冬将至》《少年三国志 2》上线。

2020年　卡牌赛道再发力，《少年三国志 2》手游上线三月流水破 10 亿元。3D 回合制 RPG 手游《山海镜花》上线。《少年三国志：零》《新盗墓笔记》《荒野乱斗》（"Infinity Kingdom"）等新游戏上线。

（游族网络）

第六章

米哈游的成长之路

2011 年，三名热爱技术和动漫文化的上海交通大学学生蔡浩宇、刘伟、罗宇皓开始创业，启动资金和办公场地是上海市科技创业中心提供给大学生创业者的 10 万元无息贷款和 50 平方米免费使用半年的办公室。在之后的近 10 年时间，米哈游陆续推出了《崩坏学园》《崩坏学园 2》《崩坏 3》《未定事件簿》《原神》等国产动漫游戏领域的优秀作品，广受用户喜爱。并以游戏和小说、漫画、动画、周边产品等领域齐动，成功打造了崩坏、未定事件簿、原神等知名国产原创 IP，相关动漫游戏产品也已登录海外市场并取得了优秀的成绩。

米哈游正在向成为世界一流的动漫游戏企业而努力。

一、从交大宿舍到上海市科技创业中心——米哈游："技术宅"拯救世界

（一）交大宿舍中的"技术宅"

2005 年，热爱技术和动漫文化的蔡浩宇、刘伟、罗宇皓进入上海交通大学学习。在繁忙的求学中，出于热爱，他们在业余时间投身于动漫网站和游戏的制作。2009 年，由他们打造的开源轻小说社区网站 FreeWriting 正式上线，为动漫爱好者提供发布及收看原创漫画平台。也是在这一年，他们组成团队参加中科院计算所第二届技术创新大赛，参赛作品"基于 Flash 的插件式网络游戏平台"获得了大赛银奖。2010 年，他们的团队自主研发 Misato Engine 游戏引擎，基于该游戏引擎开发游戏《婆娑物语》，获得盛大游戏首届 Flash 开发大赛校园组冠军。

2011 年 1 月，上海交通大学闵行校区 D32 宿舍，蔡浩宇、刘伟、罗宇皓正式成立了 miHoYo 工作室。在畅想米哈游未来的时候，他们

自称"技术宅"推出了米哈游的公司口号——"技术宅拯救世界"。

（二）米哈游的第一次尝试——"Fly Me 2 the Moon"

米哈游成立后，三位"技术宅"投入于第一款游戏产品"Fly Me 2 the Moon"的制作中。在游戏中，米哈游的第一个原创萌系魔法少女人物（多年后玩家称呼他们为女武神）琪亚娜和玩家一起飞行突破层层障碍奔向月亮。2011年10月，"Fly Me 2 the Moon"登陆苹果商店，基于触摸喷射操作的飞行体验，60个关卡中包含探险、解谜、竞速、坚守4种游戏模式，是当时独一无二的萌系动作解谜闯关游戏。作为米哈游的首个游戏产品，"Fly Me 2 the Moon"受到了玩家的关注和好评。游戏中原创魔法少女人物、动漫风格、射击操作、解谜闯关这些元素都在米哈游后续游戏产品中出现，成为米哈游独特的游戏风格（见图6-1）。

图6-1　米哈游初创团队

为提升游戏的体验，2011年12月，米哈游发布了第一首原创歌曲《崩坏世界的歌姬》，这不经意间标志着米哈游从游戏产品迈向了打造互联网文创全产业链的第一步。

（三）《崩坏学园》

2012年1月，米哈游从交大宿舍搬入了上海市科技创业中心1号楼，在这片青年创业的热土上开始了新的征程。"因为市面上没有我们想玩的游戏，所以我们就决定做一款自己想玩的游戏"，三位创业者决定为自己和玩家打造一个"崩坏"的世界，一款他们自己想玩的游戏，2012年2月《崩坏学园》正式开始研发。《崩坏学园》是一款2D横版射击闯关游戏，主角仍是魔法少女琪亚娜，玩家可以为琪亚娜更换不同的武器和服装道具，萌系的游戏风格在当时独树一帜，受到了许多玩家的喜爱。《崩坏学园》推出后，当时负责运营的米哈游总裁刘伟经常登录贴吧等平台与玩家交流，了解玩家对游戏的真实看法。

玩家喜爱崩坏世界IP和萌系游戏风格，但《崩坏学园》却并没有取得商业上的成功，简单的刷图升级游戏模式没能留住玩家持续的热度。尽管如此，《崩坏学园》对米哈游日后的产品研发运营仍起到了重要的作用。通过该款游戏的研发，米哈游不仅实现了最初的技术积累，并且在游戏的运营及市场推广过程中累积了大量用户服务经验及数据，这些都为后续作品的开发提供了宝贵的经验。米哈游通过该款游戏的推出，使用户开始接触、了解"崩坏"IP的世界观，大量的用户基于对角色、故事情节的喜爱进而转变成为米哈游的忠实用户。

（四）《崩坏学园2》与"为爱买单"

米哈游总裁刘伟曾在2017年中国游戏产业年会演讲中介绍米哈游特色"为爱买单"的商业模式。传统主流网络游戏的收入来源于玩家之间的竞争，部分玩家依靠充值付费获取装备从而比其他玩家更强大。但米哈游的游戏产品不同于传统游戏产品，玩家喜欢沉浸在优美有趣的虚拟世界和奇幻故事中。为了达成商业上的成功，米哈游提出"为爱买单"的新商业模式。依靠精美而特色鲜明的角色设计和剧情安排，辅助以小说、漫画、动画、周边产品等为用户创造一个美好的能让用户沉浸的虚拟世界。以足够丰富和完整的世界观组成IP，使IP创造更多的内容和价值，提升影响力，积累更多的粉丝和用户。

　　米哈游的创业者们决定在延续《崩坏学园》的核心玩法和风格基础上升级游戏商业模式开发全新的游戏《崩坏学园2》（见图6-2）。在当时7人团队近一年时间的紧张开发后，2014年1月《崩坏学园2》正式开始公测，米哈游创业者们的脸上充满着兴奋与紧张。《崩坏学园2》仍是一款2D横版闯关射击游戏，但一改《崩坏学园》中传统横版闯关游戏中的游戏角色人物成长体验，选择了新的成长模式玩法。在《崩坏学园2》中玩家的成长线从单调而乏味的人物等级上，转移到装备的进化和进阶上。《崩坏学园2》还在主线模块"剧情关卡"的基础上，添加了"活动关卡""精神羁绊""圣芙蕾雅学园""传颂门"等支线模块，极大地丰富了游戏的内容及玩法类型。新的游戏体验和商业模式使《崩坏学园2》获得了玩家口碑和商业营收的双重成功，也获得了游戏业内的广泛关注，游戏推出不久就登上了苹果商店推荐游戏栏。

图6-2　《崩坏学园2》

　　当年凭借《崩坏学园2》的优异表现，米哈游的年度营业额突破1亿元。第二年《崩坏学园2》获得了人民网颁发的最佳动漫网络游戏金鹏奖。在米哈游三位创业者三年的艰辛创业之后，米哈游终于在竞争激烈的游戏行业站稳了脚跟，米哈游也从创业公司成长为业内小有名气的潜力新星。

　　（五）"崩坏"IP

　　从《崩坏学园》到《崩坏学园2》，米哈游原创"崩坏"IP进一步清晰。在"崩坏世界"中，"崩坏"的表现形式是战争、气候灾难等，每一次"崩坏"的出现都会给人类带来生存的考验。人们可以通过收集、利用"崩坏"能量，获得特殊的能力从而对抗"崩坏"，拯救世界。"崩坏"IP塑造了琪亚娜、雷电芽衣、布洛妮娅等多个原创角色，每个角色的性格、身世等各不相同，因为心怀拯救世界的信念而走到了一起，通过自身的努力和团队协作对抗"崩坏"并拯救人类。虽然对抗"崩坏"的过程充满艰辛，但是主角们凭借着积极乐观和坚韧不拔的精神战胜了遇到的种种困难。故事中交杂着亲情、友情以及长辈的爱情，通过情感的纠葛将故事中的人物形象生动地展现出来，并传达了积极向上的价值观。

二、追求极致、长线运营——米哈游不只是一家游戏公司

（一）米哈游原创IP生态圈

三位创始人创立米哈游的初心是希望有一天，米哈游创造的IP可以在一代人心中留下永生不灭的回忆。米哈游在开始制作游戏产品的初期也尝试过漫画、动画产品，但是在当时环境下这些产品不足以支撑一个初创公司的快速发展。游戏产品支撑了米哈游的快速发展，也从一个侧面向玩家展现了米哈游创造的IP，带来了米哈游商业上的成功。

但游戏产品还不足够完整塑造IP。以"崩坏"IP为例，2014年7月，米哈游《崩坏学园2》四格漫画正式开始连载；2015年2月，miHoYo COMIC漫画社正式成立；2016年12月，米哈游第一部3D动画《琪亚娜 极乐净土》正式推出；2017年9月，miHoYo Anime动画社正式成立；2017年，米哈游旗下的HoYo-Mix音乐工作室制作的Apple Store首张游戏同名OST专辑《崩坏3rd》上线。同时，崩坏系列轻小说及米哈游周边产品也正式推出，这些都标志着米哈游迈向以IP经营为主线的文创全产业链。

米哈游的核心运营模式以原创IP为核心，小说、漫画、动画产品

将内容和创意传递给目标用户群，逐步扩大IP的影响力，形成粉丝聚集效应；同时将经过用户验证的IP内容制作成游戏和周边产品，实现商业化营收。通过文创全产业链产品的互相渗透和转化，将单个产品用户转化为IP用户，实现米哈游泛IP产品生态圈循环发展（见图6-3）。

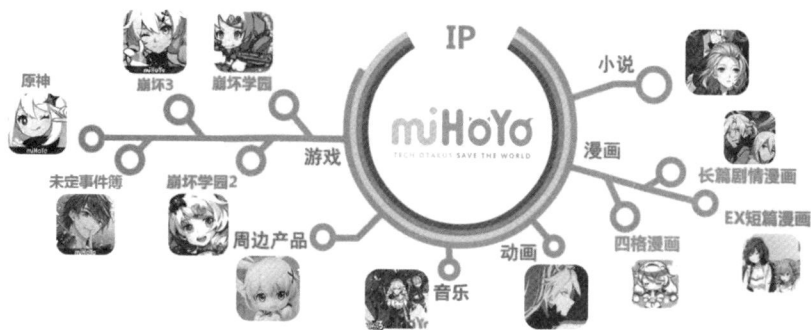

图6-3　米哈游泛IP产品生态圈

（二）小说、漫画、动画和周边产品——游戏之外的惊喜

作为米哈游IP生态圈的重要组成，米哈游的小说、漫画、动画、周边产品与游戏在剧情、人物等设定上一脉相承，进一步细化延伸了IP。

以旗下"崩坏"IP为例，米哈游在"崩坏"IP下创作出《崩坏学园》四格漫画、《崩坏学园EX》短篇漫画、《崩坏3rd》长篇漫画等三个系列漫画。《崩坏学园》四格漫画是米哈游最早推出的一部漫画作品，采用了四格漫画的形式。该漫画剧情基调是有趣、友情、励志，主要描绘《崩坏学园2》游戏中各主角日常生活的场景，故事背景、剧情发展等也与《崩坏学园2》游戏保持一致。《崩坏学园EX》短篇漫画沿用了《崩坏学园》四格漫画的故事背景并在此基础上进行了内容的补充。该系列漫画讲述了"崩坏"IP中主要角色的背景故事，并按人物分为不同的篇章。读者可以通过漫画故事更深入地了解"崩坏"IP的世界观以及各具特色的角色。《崩坏3rd》长篇漫画承接了《崩坏学园》四格漫画的主线剧情并在此基础上进行了延伸，该系列漫画剧情发展与米哈游后续游戏产品《崩坏3》相承接，讲述了主角们新的冒险故事。宏大的世界观及战斗场面是该系列漫画的一大特色，漫画通过优美的画风将读者引入紧张有趣的故事剧情当中。

米哈游的小说作品《崩坏学园2番外》以《崩坏学园》四格漫画的故事剧情为背景，用文字讲述了游戏内主角等人日常的生活，配合小说插图，描绘出小说中鲜明的人物形象及轻松有趣的故事剧情。目前《崩坏学园2番外》已推出《吼姆救援作战》《崩坏的料理教室》《里世界小说》等系列。

米哈游目前创作的动画作品时长一般在十分钟以内，已推出的作品包括"崩坏PV"和"崩坏学园四格手书动画"。PV动画作品主要用于推广"崩坏"IP以及对应的游戏、漫画等产品，PV内容主要为游戏角色、游戏技能以及游戏新版本内容的介绍。通过发布游戏PV，既可以让玩家提前了解新游戏或者游戏新版本的内容，同时也让一些未体验过《崩坏学园2》和《崩坏3》游戏的动画用户了解到游戏的玩法，起到推广的作用。另外米哈游针对特定活动、节日以及歌曲等也会推出相应的PV作品，在丰富"崩坏"IP内容的同时也迎合了动画爱好者的喜好，扩大了"崩坏"IP的受众用户数量。米哈游四格手书动画内容沿用了《崩坏学园》四格漫画，以动画的形式配上音乐特效给原本漫画中静止的人物、情节赋予了动感，使漫画中的人物形象更加丰满和生动。

米哈游还根据游戏、漫画中的人物造型，设计了"崩坏"系列抱枕、雨伞、手办、钥匙扣等动漫周边产品。通过动漫周边产品的推广，增强IP内容与产品的结合度，提升用户对公司IP概念的认知并加强"崩坏"IP的影响力，同时配合游戏内的活动推出与游戏内容高度吻合的周边产品，间接为其他产品提供推广和宣传的途径。米哈游还开设了天猫旗舰店，进行动漫周边产品的自营销售，销售额位居同类店铺前列。

（三）研运一体——和原创IP共同成长

为了最大程度上促进原创IP的成长，米哈游坚持研发运营一体化的游戏经营策略。首先，研运一体建立了米哈游和玩家面对面的合作关系，使米哈游可以第一时间掌握游戏玩家的需求动向，开发适应玩家需求和市场动向的游戏产品。其次，研运一体的经营策略，使原创IP和游戏产品始终掌握在米哈游手中，最大程度保持原创IP世界观的统一和连续，避免版权争议带给IP的可能损害。最后，研运一体的游戏经营策略和米哈游的IP生态圈小说、漫画、动画、周边产品相结合，真正实现了米哈游原创IP闭环，促进了各产品间的配合，带给玩家以最大享受的同时，也增强了米哈游盈利能力。

（四）技术突破——《崩坏3》

米哈游的三位"技术宅"创始人一直保持着对科技的原生追求，随着作为移动游戏载体手机的快速发展，延续"崩坏世界"的故事，推动游戏产品从2D到3D的进化已经成为可能。米哈游的创业者们决定追逐时代潮流的最前沿，赋予米哈游产品"Something new, Something exciting, Something out of imagination"（米哈游的产品研发口号）。

为了打造一款给玩家带来惊喜的全新游戏产品，米哈游自主研发渲染引擎及着色技术、光照贴图技术、实时渲染技术、预渲染技术、硬件兼容技术，实现游戏渲染速度的突破，从而在手机平台上提供近似PC等主机平台的画面效果。米哈游还进一步提升了动作游戏系统，通过自主研发的动作游戏引擎、3D建模技术、3D骨骼绑定技术、3D动作模型技术、3D游戏镜头控制技术和3D游戏弱关联物理引擎技术，使游戏在操作空间受到局限的手机平台上，提供给玩家更强的游戏操作感和打击感。同时，米哈游进一步完善了基于物理的动画系统，通过应用自主研发的动画系统，能够基于物理公式模拟各种刚体和柔体的动画表现，展现更为真实的人物动作及场景破坏效果。该技术还可以修正动画间的突兀过度，使得动画更为平滑自然。最后，米哈游自行研发的服务器框架技术通过分布式云计算将游戏中的所有用户集中在同一逻辑服务器，极大增强了用户间的互动，同时达到了低延迟、高响应和高稳定性的效果。米哈游技术上的突破为《崩坏3》的开发制作提供了坚实的基础。《崩坏3》游戏软件也被上海市科委评为上海市高新技术成果转化项目。

2016年10月，米哈游新作《崩坏3》正式上线（见图6-4）。"崩坏世界"的全新故事与行业领先的3D全视角卡通渲染相结合，次世代动作游戏《崩坏3》受到了玩家的疯狂追捧和业界的广泛认可，多次成为苹果商店及各大应用商店的推荐游戏，长期位居动漫类游戏榜单前列。

图6-4　《崩坏3》

凭借"崩坏"IP运营及游戏《崩坏3》的巨大成功，米哈游发展上了一个新的台阶，从2017年米哈游被评为中国互联网企业百强为起始，米哈游连续多年被评为中国互联网企业百强、中国十大海外拓展游戏企业，这标志着米哈游正式成为互联网文创、动漫游戏企业中的中坚力量。

（五）进军国际市场——国产动漫游戏走出去

2015年3月，米哈游携"崩坏"IP及《崩坏学园2》正式决定进军国际市场，将国产原创动漫IP推向海外。2015年9月，米哈游日本分公司在东京成立。米哈游选择日本作为进军海外的第一步，首先考虑的是日本是亚洲乃至世界知名的动漫游戏之都，得到挑剔的日本玩家的喜爱，才能证明米哈游游戏产品的生命力。只有面对日本游戏厂商的竞争，向动漫游戏的巨人企业们学习，才能使米哈游继续喷发出蓬勃的生命力。

2017 年，《崩坏 3》先后登录日韩、东南亚、欧美市场，并受到了海外玩家的广泛欢迎。针对游戏产品的本地化发行，米哈游根据当地文化、语言及游戏偏好等因素，进行游戏运营区域版本的制作，对游戏的语言、内容和风格等进行本地化发行和调整，促使游戏更好地迎合当地玩家的偏好，进一步提升当地玩家的游戏体验，满足不同地区玩家的差异化需求。除了语言的本地化外，米哈游在本地化转化及运营过程中，还注重结合当地的特色，达到游戏世界观与该运营区域文化的契合，从而提升游戏产品的本地化制作程度，吸引更多的当地玩家。

米哈游坚信唯有"十年磨一剑"和"创作为先、内容为王"的工匠精神，做有精神内涵和文化底蕴的动漫游戏，是国产原创动漫游戏成功走向海外的必由之路。2019 年，米哈游被中共中央宣传部、商务部、文旅部等五部委认定为国家文化出口重点企业，旗下产品《崩坏 3》被认定为国家文化出口重点产品，2017 至 2019 年《崩坏 3》连续三年被中国音数协游戏工委评为十大最受海外欢迎游戏。《崩坏 3》现支持超过 10 种语言，覆盖了全球超过 200 个国家和地区，先后在亚洲、欧洲、美洲等超过 40 个国家和地区获得游戏畅销榜前十的好成绩，其中在韩国、东南亚等国家和地区多次名列畅销榜第一。

米哈游积极推动中外行业交流，参与美国 AnimeExpo、日本 Tokyo Game Show、韩国 G-Star、泰国 Thailand Game Show 等国际知名游戏展会。在电子竞技方面，《崩坏 3》2019 年还首次举办了亚太地区线下锦标赛，在泰国、越南、印尼、马来西亚、新加坡、韩国等 8 个国家和地区先后举行了线下比赛，历时近半年，最终 8 支决赛队伍共 24 名选手在上海进行了总决赛。同时在线上各大视频平台实时直播，支持 6 种语言，境外总观看人数近 50 万。

米哈游在日常经营和海外市场拓展中以实际行动积极参与推动"一带一路"国际文化交流合作，在中国文旅部的支持下，2019 年米哈游带着《崩坏3》参加了马来西亚首届"丝路数字文旅"和中日韩产业年会对外交流，以坚定文化自信，讲好中国故事。

三、文创产业工业化与《原神》——米哈游的高点在未来

（一）米哈游的高点在未来

2018年8月，《崩坏3》首次登上苹果商店（中国大陆）游戏畅销榜第一名，成为最受玩家喜爱的游戏产品之一。为保持米哈游公司持续的创新能力，米哈游创业者们在《崩坏学园2》和《崩坏3》的成功基础上进一步梳理完善了米哈游的产品观。首先，米哈游的技术和产品制作能力必须不断提升。《崩坏学园2》创新实现了米哈游游戏产品的商业化，《崩坏3》在游戏业内第一批实现了游戏产品从2D到3D的进化，在米哈游下一代游戏产品中，必须研发应用更加先进的制作技术，保持技术和产品制作能力的行业领先。

其次，米哈游的游戏产品围绕原创IP打造。崩坏系列游戏为玩家呈现了丰富多彩的"崩坏世界"，以女武神琪亚娜为代表的数十位原创游戏角色给玩家留下了深刻印象。原创IP是米哈游产品的基础，随着米哈游公司制作能力的增强，米哈游还将为玩家呈现"崩坏世界"之外的全新原创游戏IP。

最后，米哈游专注精品和长线运营。截至2020年初，米哈游和玩家正式见面的只有"Fly Me 2 the Moon"《崩坏学园》《崩坏学园2》《崩坏3》《未定事件簿》《原神》等六款游戏产品，在运营的只有《崩坏学园2》《崩坏3》《未定事件簿》《原神》四款产品，远远少于行业内同等规模企业的产品数。正是因为米哈游聚焦于游戏产品的精品化，集中全公司的力量制作少量产品，并不断根据玩家的反馈改进游戏产品、丰富游戏产品的功能，实现了米哈游游戏产品的长线运营。2019年，《崩坏学园2》已推出5年，《崩坏3》已推出3年，但两款游戏产品均在2019年实现了活跃用户数和营收的新高。

在米哈游公司和游戏产品的持续进化下，米哈游的高点还在未来。

（二）文化产品工业化管线

随着移动互联网技术的快速发展，全球用户可以"无门槛"体验到世界各地的文化产品，文创产业进入了全球竞争阶段，怎样持续将中华文化制作包装成具有国际竞争力的文化产品，是时代对于米哈游等互联网文创、动漫游戏企业的考验。"文化产品的工业化管线"是米哈游对此的答案。

米哈游创始人、董事长蔡浩宇在2019年上海市创新创业青年人才座谈会上向上海市委书记李强汇报时，完整阐述了米哈游"文化产品的工业化管线"建设计划。移动互联网极大提升了文化传播效率，使全球用户能轻易接触到各国文化产品。在这个格局下，马太效应凸显，头部产品占据主流。要赢得竞争，必须能持续不断地、大批量产出头部产品，达成这个目标的核心，是要建立文化产品管线，进行工业化大生产。工业化管线可以类比于生产流水线，有明确的上下游制作环节和标准，每个生产环节可以不断改进、提升效率。

工业化管线打造可以分为标准化、工具化、自动化、平台化、智能化这五个阶段。必须要同时提升生产线和生产者，内容生产线对生产者的要求更高，人才的培养管理更具挑战。米哈游为此成立了组织部，派发米哈游手册，提升员工的工业化理念与认知，加快建设适应工业化生产的人才梯队，以期构建一个符合中国行业现状的企业文化与生产制度。

（三）下一个挑战——《原神》

在米哈游，"文化产品的工业化管线"从不只是一个计划或者口号，它诞生于米哈游新一代旗舰产品《原神》的制作之中，并不断实践升级，成为米哈游的公司管理原则和创新体系。2017年6月，《原神》项目正式立项，这是瞄准多项国产游戏第一的全平台开放世界3D大制作游戏。不同于"崩坏世界"，米哈游原创"原神"IP也将第一次呈现给广大的游戏玩家。

在600多人团队、数亿元投入、四年精心制作之后，米哈游新一代旗舰游戏产品《原神》在 2020 年 9 月 28 日正式推出。《原神》的故事围绕旅行中的一对兄妹展开，他们从世界之外漂流而来，在名为"提瓦特"的幻想世界冒险，追寻亲情与正义。作为一款全球同步发行、多平台（PS4、IOS、Android、PC 等）发布的网络游戏，《原神》定位于国际化产品和世界影响力 IP，同时推出 13 个语言版本，一经发布就成为时下世界范围内最流行的网络游戏产品之一。同时，《原神》在国产原创游戏中首先实现了开放世界系统，实现了数据多端互通，依靠制作技术的进步，"原神"世界进一步扩展和丰富，玩家可以在虚拟的游戏世界中自由探索。《原神》众多的国内领先预示着米哈游朝着成为世界一流的动漫游戏企业迈出了新的坚实的一步（见图 6-5）。

《原神》已在全球范围内斩获多项行业大奖，包括苹果 App Store 2020 iPhone 全球年度游戏、谷歌 Google Play 2020 年度全球最佳游戏、TapTap 年度游戏、"游戏界奥斯卡"TGA 年度移动游戏以及年度最佳 RPG 双提名、日本东京电玩展 2020 TGS 媒体大奖。除此之外，《原神》收到了很多海外主流媒体的表扬，《华盛顿邮报》《福布斯》、CNN 等海外权威媒体及游戏专业媒体给予《原神》高度评价，称其改变了游戏产业的发展方向。目前《原神》已逐渐成为全球范围内流行的文化现象，以游戏产品作为入口，通过场景、音乐、剧情形式，面向全球 Z 时代年轻受众，潜移默化、润物细无声地传播中国文化，使全球用户在游戏中体验中国文化、靠近中国文化、喜爱中国文化。

图6-5 《原神》璃月城

（四）米哈游的新风格——《未定事件簿》

在持续以技术提升推进游戏产品开发的同时，米哈游也在向不同的游戏类型拓展，特别是填补剧情类游戏的空白。《未定事件簿》是米哈游研发的推理悬疑手游。游戏中，玩家将扮演新人律师，在解决离奇委托案件的过程中，体验游戏引人入胜的剧情，除恶扶弱，追逐正义梦想。《未定事件簿》于2020年7月推出，带给米哈游的玩家们以不同以往的游戏体验和吸引更多玩家。

图6-6　《未定事件簿》

（五）加强人才建设，践行社会责任，米哈游持续成长

1. 米哈游的头等大事——人才与价值观

在由米哈游三位创始人亲自撰写的"米哈游手册"小蓝书中，写到人才在米哈游是"宇宙间的头等大事"。米哈游制作《崩坏学园2》时团队仅有7人，制作《崩坏3》初期团队也不足百人，米哈游"以少胜多"，以精干的小团队制作出了领先的游戏产品。这凭借的就是米哈游的高人才密度，三位出自上海交通大学的创始人始终坚信只有不断地引入高于公司平均值并认同米哈游价值观的人才才能使米哈游的业务能力不断提升，组织进一步发展。

米哈游所处的互联网文创行业属于典型的创新行业，面临着不断变化着的业界挑战，保持组织的灵活性与业务发展就要走以人才为核心，不断提升人才密度的发展路径。截至2019年末，米哈游已经有超过1 400名员工，不少员工还来自海外或在海外工作，但公司并没有制定繁复的管理体系和规则，而是进一步提高人才招聘的标准，寻找能力全面符合米哈游价值观的人才。米哈游现有员工平均年龄不到 30 岁，团队极富活力，更易接纳新鲜事物。在公司三位创始人带领下整个团队充满创造力和创业激情。从基层员工到高管团队，大部分员工既是动漫文化的创作者也是动漫文化的消费者，为自己所热爱的文化事业倾注更大的热情和精力，深层次理解用户的感受，创作出更符合动漫用户需求的优秀作品。米哈游信任所有员工，认同说到做到、有话直说、只认功劳、追求极致的企业价值观，以最简单的规则运行管理公司，最大程度发挥员工的创意和能动性，为用户创造最大的价值。米哈游的人才观和价值观正在不断吸引业内最优秀的人才加入。

2. 回馈社会——从点滴做起

米哈游在创立、发展、壮大的过程中，一直秉持回馈社会的初心，结合公司自身特点，从点滴小事做起，通过积极主动地参与公益活动，在扶贫救灾、济困助学方面进行积极的尝试与探索。为响应中央坚决打赢脱贫攻坚战决定精神，落实上海市"百企结百村"精准扶贫行动，米哈游与云南省红河州元阳县马街乡阿路嘎村结对，携手奔小康。在全国人民共同抗击新冠疫情期间，米哈游第一时间从海外采购并向缺乏防疫物资的湖北地市级医院捐赠 15 000 个医疗标准防护口罩、10 000 件手术服。米哈游还向上海市青少年发展发展基金会捐款 50 万元，助力帮扶受疫情影响的困难青少年群体。

米哈游高度重视对青少年用户的引导和保护，严格落实国家新闻出版总署《关于防止未成年人沉迷网络游戏的通知》要求，实行游戏用户账号实名制注册；严格控制未成年人用户的游戏时段和时长，规范向未成年人提供付费服务。米哈游旗下所有网络游戏产品加入适龄提示，并开通了米哈游成长关爱平台，引导家长对未成年子女的游戏行为进行监督和管理。

多年来，米哈游也获得了多项政府颁发的荣誉奖项。2017 年，米哈游被上海市委组织部、上海市人社局评为上海领军人才单位，米哈游创始人、董事长蔡浩宇被评为上海市领军人才。2018 年，米哈游创始人、总裁刘伟被评为上海市优秀中国特色社会主义事业建设者。米哈游被上海市委宣传部评为上海文化企业十佳。2019 年，米哈游被上海市新闻出版局评为上海版权示范单位，被上海市经信委评为上海市软件和信息服务业百强，被上海市商务委评为上海市民营经济总部等。面对信任和肯定，米哈游必将不负众托，通过锲而不舍、持之以恒的努力，创造社会效益、践行社会责任。

3. 加强党组织建设

米哈游高度重视公司的党组织建设，以党建团结党员员工，引领公司发展。米哈游现有党员近百人，公司在上海市科技创业中心党委的领导下成立党支部，公司总裁刘伟任党支部书记。米哈游党支部和党员员工认真学习党中央精神，积极参与上海市科创中心党委和各行业党委组织的各项活动。努力探索两新企业党建工作新途径和新模式，充分发挥党员员工先锋模范作用。

4. 米哈游持续成长

截至 2019 年末，米哈游已经拥有 1 400 名员工，2019 年全年营业收入超 20 亿元。从业者从 3 人到 1 400 人，营业收入从 0 元到 20 亿元，米哈游已经成长为上海市大学生创新创业的标志企业和互联网文创、动漫游戏行业的知名企业。畅想米哈游的未来，米哈游将持续推进游戏产品的研发并完善原创 IP 生态圈。在"崩坏""原神""未定事件簿"等核心 IP 的基础上，未来将有更多的原创 IP 及小说、漫画、动画、游戏、周边产品陆续和玩家见面。同时，米哈游的产品也向全球各地持续深入推广，为世界人民带去来自中国的优秀文化产品。米哈游的发展正在打造中国文创人才的高地，汇集和培养一批具有创造力和国际视野的文创产业人才。时代赋予中国文创、游戏企业的机遇和米哈游成为世界一流动漫游戏企业的理想正在召唤米哈游的创业者们继续前行。

附：大事记

2009—2010	打造开源轻小说社区网站 FreeWriting，为动漫爱好者提供平台发布及收看原创漫画。
2009—2010	推出"基于 Flash 的插件式网络游戏平台"，获中科院计算所第二届技术创新大赛银奖。
2010—2011	自主研发 Misato Engine 游戏引擎，获得盛大游戏首届 Flash 开发大赛校园组冠军。
2011 年 1 月	上海交通大学闵行校区 D32 宿舍，蔡浩宇、刘伟、罗宇皓正式成立了miHoYo 工作室，开始"技术宅拯救世界"之旅。
2011 年 10 月	"Fly Me 2 the Moon"登陆苹果商店。
2011 年 12 月	HoYo-Mix 成立，第一首歌曲《崩坏世界的歌姬》发布。
2012 年 1 月	参加大学生创新创业大赛，获得 10 万元无息贷款以及 50 平方米半年免租期办公场地，公司注册成立。
2012 年 2 月	《崩坏学园》项目研发启动。
2013 年 1 月	《崩坏学园》上线 App Store。
2013 年 7 月	《崩坏学园 2》项目研发启动。
2014 年 1 月	《崩坏学园 2》在 Bilibili 开启公测。miHoYo 成员数第一次超过 10 个人。
2014 年 3 月	《崩坏学园 2》上线 App Sore。
2014 年 7 月	《崩坏学园 2》四格漫画开始连载。
2014 年 12 月	《崩坏 3》项目研发启动。办公地点搬迁至民润大厦。
2015 年 2 月	miHoYo COMIC 成立。
2015 年 3 月	《崩坏学园 2》在日本上线。
2015 年 6 月	《崩坏 3rd》漫画开始连载。
2015 年 9 月	miHoYo 日本公司在东京成立。同期，miHoYo 周边店铺上线。
2015 年 12 月	miHoYo 人数超过 100 人。
2016 年 3 月	《崩坏 3》第一次测试。

2016 年 10 月　《崩坏 3》正式上线。miHoYo 产品 DAU 第一次突破百万。

2016 年 12 月　第一部 MMD《琪亚娜—极乐净土》上线，播放量快速突破 200 万。

2017 年 2 月　《崩坏 3》在日本上线。

2017 年 5 月　办公地址搬迁至普天信息产业园。

2017 年 5 月　miHoYo 旗舰店上线。

2017 年 6 月　《原神 Project》项目研发启动。

2017 年 9 月　miHoYo Anime 成立，《崩坏 3》第一部动画短片《崩坏 3 Reburn》上线。

2017 年 10 月　《崩坏 3rd》在韩国区上线

2018 年 4 月　米哈游党支部成立

2018 年 6 月　米哈游团支部成立

2018 年 7 月　米游社项目研发启动。

2018 年 8 月　《崩坏 3》达到 App Store 畅销榜第一名，miHoYo 产品首次登顶畅销榜。同期，《原神 Project》漫画开始连载。

2018 年 11 月　《未定事件簿》项目研发启动。

2019 年 6 月　《原神》首次测试。同期，《崩坏 3》衍生动画《女武神的餐桌》上线。

2019 年 8 月　米游社 App 上线。

2019 年 12 月　人工桌面项目研发启动。

2020 年 5 月　鹿鸣第一只视频短片于 Bilibili 发布。

2020 年 7 月　《未定事件簿》上线。

2020 年 8 月　人工桌面 PC 版上线。

2020 年 9 月　《原神》全球同步上线。

2020 年 10 月　《原神》登顶 App Store 中国区免费榜和畅销榜，在日本、美国、加拿大、瑞士、新加坡等多个国家和地区位列畅销榜第一名。

2020 年 12 月　人工桌面安卓版上线。

（周宏仁）

第七章

穿越山谷，莉莉丝这七年

一、引言

2013 年 5 月，莉莉丝游戏正式成立。

根据游戏工委发布的《2013 年中国游戏产业报告》数据显示，2013 年中国游戏市场收入总额达 831.7 亿元，其中手游增长迅速，总收入 112.4 亿元，涨幅达 246%，用户数增长到 3.1 亿元。智能手机的普及为手机游戏带来了巨大的人口红利，也为手游行业带来了前所未有的机会。

另一个行业背景是，2013 年发展政策相对宽松，腾讯网易初涉手游，对行业还未形成统治力，小团队仍然有一搏的机会。资本看好，热钱涌入，加上手游的开发门槛低，十来人的团队就能做出一个 Demo，一时间手游创业炙手可热，宛如淘金热潮，无数小团队投身其中。

彼时在腾讯互娱北极光工作室做了三年游戏策划的王信文也是其中之一。2013 年 3 月，王信文和另外两位从南京大学毕业的同事袁帅、张昊一起离开了腾讯创办莉莉丝，成为手游创业大潮中并不起眼的一分子（见图 7-1）。

二、《刀塔传奇》：开创国产手游的"动作卡牌"时代

当时没人会想到，这个在腾讯绩效不佳只能拿 C 的年轻人所创办的公司，会在一年后推出火遍全国的《刀塔传奇》（后因版权问题更名为《小冰冰传奇》），并引领整个中国手游市场的风潮。

（一）《刀塔传奇》的出奇制胜

2014 年 2 月 25 日，《刀塔传奇》上线 App Store。

图7-1 莉莉丝游戏公司外景

对于中小团队来说，这不是一个很好的时间点——2014年腾讯已全面转向手游，从轻度休闲入手，以天天系列迅速占领市场，并逐渐向中重度过渡。

当时市场上最火的几乎都是腾讯系游戏，凭借微信的强大分发能力以及社交关系链的导入，腾讯《天天酷跑》《雷霆战机》等一些中轻度游戏基本垄断榜单，许多老牌游戏公司如盛大、完美、巨人等也纷纷开始与腾讯进行合作。网易手游还在试水阶段，腾讯自打入局手游以来，还没有遇上真正的对手。然而，《刀塔传奇》的出现打破了这个局面。

这款手游的发迹速度足以载入史册：3月初《刀塔传奇》挺进收入榜前十；4月在iPhone畅销榜基本稳定在前五，最好成绩一度冲到前三，iPad畅销榜排名第一。

2014年5月20日，凭借一波520活动，《刀塔传奇》登上App Store畅销榜首——这也是2014年App Store畅销榜首首次被腾讯手游以外的游戏占据，登顶截图在行业内朋友圈刷屏。一家媒体在报道中写道："以往 App Store 畅销榜被腾讯游戏完全垄断，直到《刀塔传奇》的出现打破了这一切。"

《刀塔传奇》的成功并非昙花一现，而是展现了相当绵长的后劲。6 月 15 日，其再度在 App Store iPhone、iPad 版畅销榜上双双取得第一排位；7 月蝉联 App Store 畅销榜榜首超一周。在之后的半年中，大多数时间都稳定在畅销 top3 的位置。

根据发行商中清龙图上市报告披露，《刀塔传奇》2014 年营业额 21.6 亿，平均月营业额 1.8 亿，可以说火遍全国，成为名副其实的现象级手游。

《刀塔传奇》开创了国产手游的"动作卡牌"时代。2015 年春，上海新闻出版局副局长祝君波带队来莉莉丝调研指导（见图 7-2）。

图7-2　2015年春，上海市新闻出版局副局长祝君波来莉莉丝调研指导

（二）动作卡牌风潮

手游行业早期，两个现象级产品带来了两个明确的分水岭。

第一款产品叫作《我叫 MT》，它开创了国产手游的卡牌玩法时代，引发了大量跟风模仿作品。

第二款产品叫作《刀塔传奇》，它革新了国产手游的卡牌玩法，在当时市面上普遍还是回合制撞卡玩法的时候，创新性地在卡牌玩法中引入了"点击头像放大招"和"半即时动作制"两个机制，创造了一个名为"动作卡牌"的全新品类。

由于太过成功，《刀塔传奇》引发了整个游戏行业的讨论。在各个平台上，关于《刀塔传奇》的详细研究数不胜数，从画面、系统、玩法、装备系统、付费体系等诸多角度，都有详细而完整的论述。

相对于上一代卡牌游戏，《刀塔传奇》的优势是明显的。比如人们一致称赞的战斗系统，让卡牌手游的战斗玩法脱离了千篇一律的无脑推图，加入了更深的策略体验，增加了操作感；而平滑且易于理解的英雄养成体系，让玩家可以获得更好的数值反馈；与此同时付费体系兼顾了免费玩家与付费玩家的体验，在当时看来，是一个各方面体验都非常完善的游戏，整体游戏质量明显高于同时代其他作品。

在一次采访中，王信文表示："我们更多时候只要强调一些'微创新'就可以了，但是我跟团队里的成员说，我们要做非常有价值并且是颠覆式的创新，我相信这样的做法会给玩家带来前所未有的体验，玩家也会回报我们相应的价值。"

"如同苹果手机一样，没有出现前，你觉得无法想象，当拿在手里使用起来，你觉得一切就应该是这样"，在知乎中有玩家这样评价。

（三）《刀塔传奇》的版权纠纷

在很长一段时间里，《刀塔传奇》及其研发团队莉莉丝，在行业内是作为榜样的一种存在。

小团队拒绝抄袭模仿，靠创新与产品一举成功逆袭，并且影响了整个行业。对所有手游创业者来说，是最理想的成功模板。在《刀塔传奇》成功后，模仿者和微创新者层出不穷，在很长一段时间，《刀塔传奇》几乎将自己的烙印刻在了国产卡牌手游的脉络中，你可以在绝大多数国产卡牌手游中看到来自《刀塔传奇》设计的影响。

但这个神话并非完美，《刀塔传奇》也始终有着抹不去的污点，那就是 IP 的侵权问题。

在手游行业初期，由于行业监管混乱、知识产权意识淡薄，"蹭IP"乃至直接侵权IP现象随处可见。在当时，许多手机游戏都会"打擦边球"借用一些知名IP，例如使用令人产生联想的外号、形象近似的英雄设定等等，《刀塔传奇》未能免俗。

不可否认的是，许多人确实因为游戏中对于知名MOBA游戏DotA中的英雄和技能还原而被吸引而来，而对DotA英雄的还原，也一定程度上降低了游戏的学习上手门槛。因此，尽管游戏创新的部分为人所称道，但IP侵权问题为游戏的成功添加了一抹灰色，也埋下了隐患。

这个隐患在游戏上线一年后被正式摆上台面。

2015年5月14日，美国威尔乌公司（Valve）在北京海淀区人民法院对《刀塔传奇》的开发运营商中清龙图和莉莉丝公司发起诉讼，诉其商标和版权侵权以及不正当竞争，索赔3100万并要求停止侵权。4日后，美国暴雪公司紧随其后发布官方新闻稿，宣布正在加入Valve对莉莉丝游戏和龙图游戏的诉讼当中。暴雪表示，此次诉讼针对手机游戏《刀塔传奇》以及围绕此游戏所推出的周边产品和运营活动。

Valve与暴雪于2015年3月24日向台北地方法院检察署提起刑事控告，于5月18日、9月8日向北京、美国北加州的当地法院发起诉讼。这场长达一年的纷争最终以和解告终。2016年5月13日，莉莉丝正式发布公告，表示已与暴雪和威尔乌达成了和解方案（见图7-3），除支付一笔赔偿费用外，《刀塔传奇》将进行全平台更名，并对部分角色形象进行修改，新的名称是《小冰冰传奇》（以下将统一使用《小冰冰传奇》）。

对于莉莉丝而言，庭外和解从利益的角度上来说并非最优解。因为在整个世界的范围内，版权侵权的认定非常复杂，需要非常充分的举证，《刀塔传奇》中的游戏内容大多都经过了二次创作与演绎，并非素材照搬。据媒体报道，美国北加州法院第一次庭审中驳回了暴雪和Valve起诉，但准许他们继续补充证据，以证明版权所属和版权的原创性。

图7-3　2016年，莉莉丝和龙图在美国与暴雪、威尔乌达成和解

　　面对这种情况，莉莉丝原本可以坐等漫长的司法流程，即便最终败诉，赔偿的额度也非常有限。律师告诉王信文，绝对不可以公开承认侵权，否则会对官司造成极大的不利。但王信文认为，"承认侵权，就会面临巨额和解费，同时有点丢脸。如果不承认，可以少赔很多钱，但却是极大的不诚实、不客观，也让所有同事、玩家、合作伙伴都处于困惑之中。"

　　最终经过痛苦的思考，莉莉丝决定正视事实、承认错误，以巨额的和解赔偿金和《小冰冰传奇》的内容修改重新上架，为这个错误画下了句号。

（四）uCool海外风波

　　在深陷与Valve和暴雪的官司同时，在美国，莉莉丝也在对一家名为uCool的公司发起追击。

　　事件起因是，uCool在海外上架了一款名为"Heroes Charge"的游戏。这款游戏除了英雄形象和UI界面有些微调，包括英雄、技能、装备、道具获取、英雄远征等在内的游戏核心玩法与具体数值，与《小冰冰传奇》几乎一模一样。

当时，抄袭乃至模仿《小冰冰传奇》的游戏层出不穷，但做到像素级复刻数值和玩法的并不多见。"Heroes Charge"未在国内上架，而是抢夺了《小冰冰传奇》的出海先机在 2014 年 8 月率先上架海外市场，截至 2014 年 11 月 25 日时，已在海外 49 个国家和地区的畅销榜排名前 100，在 12 个国家的畅销榜曾拿到第一名，据媒体估算，其在海外每月至少能获得千万美金的营收。

2015 年 2 月 1 日，"Heroes Charge"在堪称美国春晚的"超级碗"决赛上投放了 15 秒的广告，据媒体报道，这则广告的价格超过千万人民币。大张旗鼓进行市场推广的结果是，在海外许多市场，许多玩家误以为《小冰冰传奇》才是"Heroes Charge"的山寨版。

虽然数值与玩法一样，但是替换了美术素材，而游戏玩法并不受法律保护，导致莉莉丝对 uCool 的维权同样困难重重。莉莉丝早在 2014 年 8 月就向苹果去信，要求下架抄袭产品，但是无果。直到次年 3 月，才在美国加利福尼亚州法院正式起诉 Heroes Charge 侵权。而在此时，莉莉丝已经掌握了足以制胜的核心证据，并上演了一出堪称教科书级的漂亮反转。

由于怀疑"Heroes Charge"对《小冰冰传奇》的抄袭不仅停留在玩法和数值层面，而是直接反编译了代码，王信文想出了一个点子——他们在《小冰冰传奇》的代码中埋入了一个彩蛋。当玩家进入游戏中的远古神庙，在特定区域进行多次点击，就会出现一个"LILITH GAMES"的弹窗。

令人惊奇的是，这个"彩蛋"随后在"Heroes Charge"中居然真的被成功复现。在掌握铁证的情况下，两家公司经过谈判，最终达成庭外和解，以 uCool 修改游戏代码，支付一笔不菲的赔偿金给莉莉丝为终结。

而"Heroes Charge"在海外所获得的成功，让王信文意识到：其实莉莉丝是有可能做出全球普适的设计的。

（五）执迷创新，走入绝望之谷

《小冰冰传奇》的巨大成功，为莉莉丝带来了难以想象的名声与财富，也带来了名为"创新"的枷锁。在公司内部，团队将成功归因于"颠覆式创新"，获得了一个重要结论：只有做玩法创新，才能成功。而在外部，整个业界对莉莉丝的第二款作品保持着极高的期待和关注，也为莉莉丝带来了不小的压力。《小冰冰传奇》成功后整整三年，莉莉丝没有推出一款新游戏。

新作难产的原因，正是因为对"创新"的执着。

莉莉丝的第二款游戏实际上很早就立项了。王信文在他的个人公众号上回忆说，当时他们选中了当时全世界范围内最赚钱的品类：策略游戏。而因为"创新"如此之重要，所以他们对游戏的方方面面都从头开始设计，包括战斗表现，操作方式，用户界面，互动方式，玩家的社区结构等等。很快他发现，这么做游戏，相当于重新发明各种轮子，需要的时间会非常久。但是公司不能够长时间不发布新作。于是他组建了公司的发行部门，准备代理发行一些其他公司研发的游戏。

他给公司负责找项目的商务负责人定下规矩：不创新的项目不要。在1年多的时间里，签约加投资，莉莉丝总共签下了11款创新项目，花费成本1.2亿人民币。2016年9月，莉莉丝举办了一场精心准备的发布会，公布了庞大的游戏阵容储备，其中包括磨剑三年的第二款自研新品《剑与家园》。

然而在声势浩大的发布会之后，大多数代理产品要么草草了事，要么没了下文。11款游戏的总收入只有不到3 000万。这些公司也大多以倒闭解散告终，没有存活下来。

事后总结，正是因为以创新为最重要的考量指标，导致筛选完后的项目团队积累、美术品质都大大降低，无法满足用户的需求，因而失败。

同时，公司内部也展开了轰轰烈烈的创新产品孵化计划——"爱迪生计划"。莉莉丝实践"精益创业"等方法论，鼓励内部团队"每个人都可以提出自己的游戏创意"，只要有想法，并通过评审，就可以得到公司支持，组团开发新项目。公司内部孵化了总计十多个创意。

最终无一成功，"死因"也各不相同。

王信文进行了反思："基层员工缺少全局思考所需的信息和经验""精益创业在红海竞争时并不适用""试一试的心态，往往决定投入不够"……创新应是一种手段，而非目的。对创新形式的追求，导致莉莉丝忽略了其他更为重要的考量维度。

用户并不真正需求创新的游戏，用户需要的是好玩的游戏。

三、《剑与家园》：艰难的创新之路

（一）《剑与家园》的创新

趟坑的不仅是代理产品，还有集全公司之力研发、背负了公司内外巨大期待的第二款自研 SLG《剑与家园》。

在设计上，《剑与家园》融合了 SLG 和 RPG 玩法，几乎是从 0 到 1 地创造了一套全新的 SLG 玩法框架，带来了巨大的差异化体验。例如传统 SLG 通常画面简陋，重策略体验而轻战斗体验，许多 SLG 甚至没有战斗过场，只有数据的结算，《剑与家园》则恰恰相反，游戏的一大卖点便是战斗的策略性与观赏性。相比一般 SLG，《剑与家园》的战斗玩法与养成元素极其复杂，游戏融合了 RPG 的养成线，同时战斗中给每一个单位都设计了独立的 AI，使战斗过程更加真实符合逻辑。

然而对于这样的创新，市场给出的反馈并不及预期。2017 年 9 月 21 日，《剑与家园》上线国服，在极大的推广力度下，游戏在作为营收风向标的 App Store 畅销榜仅 50 名上下。

有媒体认为，《剑与家园》的问题恰恰是"创新做得太多了"。尽管核心战斗体验"惊艳而颠覆"，但在长线目标、玩家社交、PVP 设定等等方面都存在着种种缺陷和不足，有些问题甚至是创新的玩法设计带来的根本性矛盾。SLG 是一个非常成熟的品类，在长时间的迭代中，不断验证不断完善不断进化才形成如今的形态，而《剑与家园》试图一上手就重新创造 SLG，其中的困难和风险可想而知。

当然，尽管表现未及预期，《剑与家园》仍然是一款在市场意义

上足够成功的游戏，靠着玩法深度和创新带来的差异化体验俘获了大量忠实玩家，在上线后很快全球月营业额破亿。同时，《剑与家园》作为莉莉丝首款自研自发的游戏，为莉莉丝建立了全球化的发行体系，并为全球化战略的全面展开打下了坚实的基础。

（二）穿越绝望山谷

从 2018 年 2 月 21 起，王信文以每周一更的速度，在个人公众号更新了一整年的文章，全面回顾总结了创业以来的种种，以及对公司管理的思考和自我反思，在这些零碎的文章中，可以拼凑出莉莉丝成长轨迹背后，对应着怎样的心路历程和战略考量。

达克效应说：人总是有一种虚幻的自我优越感，错误地以为自己比真实情况更优秀。把人推下绝望之谷，就是让人能够正确地认识自己。借用达克效应，王信文为莉莉丝的成长划分了几个阶段。

2015 年到 2016 年，《小冰冰传奇》的成功将王信文和莉莉丝带上了"愚昧山峰"。"因为做了一个爆款游戏，我就真心觉得自己干什么都能成。所以那两年我投资了十几个中小游戏开发商，还投了动画片、舞台剧和社交 App。除了个别案例运气好，大部分都失败了。"

2017 年，盲目创新四处碰壁，令他从"愚昧山峰"跌入"绝望山谷"。"一次又一次地失败，和面对失败时的无能为力，让我对自己有了更客观认识。"

穿越"绝望山谷"之后，莉莉丝开始走向"开悟之坡"。具体的体现是战略方向的改变——从追求"颠覆式创新"，转向关注"品类进化"。

这并不代表莉莉丝完全放弃了创新，而是不再凭空造轮子为创新而创新，将关注点重新拉回到用户的核心需求，基于现有的积累，一步一步做迭代和优化，去解决用户需求中还未被满足的痛点。"大多数手游玩家的需求很简单，他们需要的是一款更好的游戏，而不是具备划时代创新意义的产品。"

在这一战略下，诞生了《万国觉醒》（"Rise of Kingdoms"）和《剑与远征》（AFK Arena）两款对莉莉丝来说至关重要的产品。

四、《万国觉醒》和《剑与远征》：更好的游戏体验

（一）《万国觉醒》：SLG 品类进化者

2018 年是莉莉丝相对低调的一年，曾经的明星创业公司走下了神坛，将精力放在了全球市场的开拓上，国内没有动作，媒体的关注与报道也少了许多。这一年 4 月，《万国觉醒》在海外开启了低调的测试，并在 2018 年 9 月 21 日正式公测（见图 7-4）。

图7-4 　《万国觉醒》

《万国觉醒》是莉莉丝代理发行的产品，研发商是成都乐狗。但和一般的发行代理不同，莉莉丝在早期就介入到了这款产品的研发中，与研发商进行了紧密的合作。《万国觉醒》立项之初就面向全球市场，为此特意选择了全球文明题材，玩家在游戏中可以选择 11 个与历史对应的文明，早期在连游戏 demo 都没有情况下，莉莉丝花了 7 个月时间，用了五六套不同的美术风格素材在 Facebook 做吸量测试，最终筛选出了如今极具辨识度的欧美卡通美术风格，全球通吃。

作为品类进化的践行者，《万国觉醒》融合了制作人侯柯在 SLG 领域多年的积累与沉淀，在现有 SLG 玩法框架上，《万国觉醒》加入了大地图无缝缩放、自由行军两大创新点，游戏以"一场十万人玩的《帝国时代》"作为目标，整体上来说相对过去的 SLG 手游更加符合

用户直觉，基本上做到了所见即所得，极大降低了 SLG 的体验门槛。同时游戏强化了联盟的存在感，更多鼓励群体和群体之间的 PVP，弱化个体对个体的对抗，降低了这类游戏中通常感受很强烈的生存压力，给普通玩家带来了更好的游戏体验。

莉莉丝发行负责人张子龙曾向媒体介绍《万国觉醒》的核心设计思路："过去的 SLG 的运营主要是'洗'用户的模式，大 R 欺负小 R，小 R 欺负免费玩家。我们最近在探索的方向，就是让小 R 和免费玩家也能在游戏里找到乐趣，找到'被他人需要'的感觉。这样整个游戏的生态系统会更加健康、可持续一些。"

《万国觉醒》在海外获得了巨大的成功。从 2018 年 9 月推出，第 3 个月现金流转正，很快达到 2 000 万美金 / 月的收入水平，且数据始终稳步提升，到 2019 年 6 月时，根据 Sensor Tower 公布的报告，《万国觉醒》已经在国产手游出海收入榜排名第三——前两名分别是 PUBG Mobile 和《荒野行动》。上线 16 个月后，《万国觉醒》通过对韩国市场的突破，打破了国产 SLG 手游出海天花板，月收入超过 5 400 万美元，登顶国产手游出海收入榜单。2020 年 2 月，《万国觉醒》的月收入已经超过 7 100 万美元。

如果说《万国觉醒》的成功尚有一定偶然性。那么同为品类进化战略下诞生的《剑与远征》的逆袭，则一定程度上验证了这一战略符合真实的产品逻辑。

（二）从《小冰冰传奇》到《剑与远征》

2019 年 4 月，《剑与远征》正式海外公测。上线两个月，便跻身国产手游出海收入榜单 top20。随着不断解锁新的主要市场，2019 年 8 月，《剑与远征》在 Sensor Tower 国产手游出海收入榜排名第四，紧邻排名第三的《万国觉醒》，同一公司两款手游上榜 top5，成为一时之景。

Rovio 工作室创始人在博客撰文分析《剑与远征》的游戏设计，将其称为"新的 RPG 之王"，国内媒体将这款游戏称为"集莉莉丝卡牌经验之大成的全球产品"。

而事实上，《剑与远征》的背后开发团队正是来自《小冰冰传奇》的核心团队，团队结合过去多年在《小冰冰传奇》中获得的经验和积累，开发出了融合了《小冰冰传奇》核心战斗玩法与放置挂机元素的新作，并获得了口碑和市场的双丰收。

相对于《小冰冰传奇》，《剑与远征》几乎对每个点都进行了优化升级：核心战斗加入了前后排的概念，让排兵布阵更加有策略性，让阵容搭配的乐趣更加强烈；玩家经常反馈《小冰冰传奇》英雄多了之后玩家养不过来，于是《剑与远征》加入了共鸣水晶，玩家只需要专心养五个英雄就好，其他英雄放进共鸣水晶，等级立刻追平；《小冰冰传奇》魂匣普通玩家拿不到，太过"pay to play"了，这是玩家们经常骂的点，于是《剑与远征》去掉了魂匣机制，所有英雄都可以被抽到或者换取；玩家经常抱怨《小冰冰传奇》太"肝"了，于是《剑与远征》优化游戏内容，挂机为主，轻松游戏；玩家经常抱怨《小冰冰传奇》的远征时间久了太无聊了，于是《剑与远征》的远征玩法做成了异界迷宫，加入了很多随机元素，提高了可重玩性；《小冰冰传奇》的横屏设计操作很不便捷，于是《剑与远征》改成了竖屏，更方便碎片时间操作。

《剑与远征》仍然是那个英雄设计极其精致、阵容策略极其丰富的策略卡牌游戏，但是，每个系统都是重新设计过的，每个系统都更加进化了。

另外值得一提的是游戏的美术，采用了一种结合了教堂古典壁画与玻璃彩绘的平面艺术风格，吸引了大量海内外玩家"为爱发电"，绘制了许多精美的同人创作。自《剑与家园》的试错以来，莉莉丝看上去已经掌握了如何制作出符合全球玩家审美的美术风格的秘诀，而谈到这点，就不得不提及莉莉丝的全球发行体系。

（三）研运一体和全球化

自 2015 年开始，莉莉丝就树立了研运一体和全球化愿景。尽管产品并非一帆风顺，但在一次次踩坑中，发行能力不断构建完善，最终为《万国觉醒》和《剑与远征》的成功做好了铺垫。

首先，是在团队架构上，莉莉丝以区域为划分，针对全球重点市场组建了不同的区域团队，每个区域团队都由对该地区市场非常熟悉了解的资深人士组成，力求贴近不同文化背景的用户，真正理解不同地区的用户需求，进行精细的本地化市场营销，为此他们招募了许多来自海外的同事加入市场团队。

其次，是组建了专业的本地化团队进行游戏内容的本地化，这件事情之所以不是通过外包解决，是因为莉莉丝不希望只是对文本进行翻译，而是对整体的游戏内容进行真正的本地化再创作，兼容和尊重不同的文化习俗，从而增进用户认同。

此外，莉莉丝注重营销方法论，内部有专门的调研团队，在产品早期就针对不同的海外市场进行用户研究，输出用户画像和专业报告，帮助产品更好地找到自己的目标用户，也让整合营销更加精准有效。

第四，则是对社区的重视。莉莉丝希望产品能够形成品牌，和玩家之间建立起感情链接，社区是非常重要的沟通方式。以《剑与远征》为例，内部有专门的海外同事负责不同社区的运营，定期举办各种活动，产出了大量内容，在 Instagram 上已经有接近 40 万粉丝，许多玩家自发地上传他们的同人创作，形成了非常活跃的社区氛围，这是目前出海产品中比较少见的。那些在海外社区活跃的"自来水"玩家，也是中国游戏在海外辐射到更大圈层，甚至在不同国家产生更多社会影响力的催化剂。

（四）"那个莉莉丝回来了"

莉莉丝重新回到了行业的视野里。在 App Annie 推出的 2019 年 10 月国产手游出海收入榜中，莉莉丝凭借《万国觉醒》和《剑与远征》首次登顶，并在之后成为榜首常客。

不过，和行业的关注一同袭来的，还有跟风抄袭和换皮产品。据媒体报道，2020 年开年，行业内已经出现了一批正在立项致敬《剑与远征》的中小研发团队，其中个别研发商已开始拿着赶工的草图在找发行商询价、了解代理意向。

所幸的是,《剑与远征》版号获批相对顺利,在第一波"山寨"来袭之前,于 2020 年 1 月 8 日在国内开启了公测,在庞大市场宣发费用的支持下,《剑与远征》发布当天便登顶 App Store 免费榜,最高达到畅销榜第三,并在 top3 维持了相当长的时间。在 App Annie 的 2020Q1 报告中,《剑与远征》凭借国服的加入,一跃登上全球手游收入榜 top4。而媒体对此的报道标题是:"那个莉莉丝回来了"(见图 7-5,图 7-6)。

图7-5　2020年莉莉丝公司年会

图7-6　2020年初,上海市宣传部王亚元副部长在疫情期间访问莉莉丝,了解疫情下的复工情况

相较之下，《万国觉醒》就没有那么顺利，这实际上也为莉莉丝带来了一些潜在的危机——大量模仿乃至抄袭换皮产品已经在路上，其中不乏知名厂商，也有套版号的小厂之作。倘若版号迟迟不下发，导致被模仿抄袭者抢占先机，对于中国游戏行业来说，其实也是遗憾和损失，将不利于保护原创精品。

如今，莉莉丝除了继续深耕主流优势品类如 SLG、卡牌，未来也将探索新的可能，例如沙盒、竞技、二次元等。也许在未来，这家公司能够给行业带来新的惊喜。

（高洋）

附：大事记

2013 年 5 月	上海莉莉丝科技股份有限公司成立。
2013 年 10 月	与北京中清龙图网络技术有限公司签订代理协议，首款自主研发手机游戏《刀塔传奇》由龙图游戏独家代理发行。
2014 年 2 月	《刀塔传奇》正式上线运营。
2014 年 5 月	《刀塔传奇》登顶 App Store 畅销榜榜首。
2014 年 7 月	《刀塔传奇》日收入达 2 000 万元，锁定 iOS 中国区年度收入榜冠军。
2014 年 12 月	荣获中国游戏产业年会金手指奖、2014 年度最佳手机游戏、2014 年度优秀企业家、2014 年度优秀企业、2014 年度产品研发优秀单位。
2015 年 3 月	暴雪与 Valve 发函控告《刀塔传奇》侵犯其商标及版权。
2015 年 5 月	北京海淀区人民法院正式受理 Valve 诉龙图游戏与莉莉丝游戏《刀塔传奇》商标及版权纠纷。
2016 年 5 月	龙图游戏、莉莉丝游戏与暴雪、Valve 正式对外发布公告，就《刀塔传奇》商标及版权纠纷达成和解，《刀塔传奇》修改部分角色形象，并更名为《小冰冰传奇》。

2017 年 9 月	莉莉丝游戏自主研发的第二款产品《剑与家园》正式上线运营。
2017 年 11 月	莉莉丝游戏发行首款独立游戏《艾彼》。上线伊始即受 App Store 全球首页推荐。
2018 年 9 月	莉莉丝游戏于海外发布策略类手游大作《万国觉醒》。上线之初便获得全球 140 多个国家和地区应用商店首页推荐。
2019 年 4 月	莉莉丝游戏海外上线自研挂机手游《剑与远征》。
2019 年 9 月	《万国觉醒》单月收入超过 5 400 万美元，打破了 SLG 海外收入纪录。
2019 年 10 月	《万国觉醒》与《剑与远征》双双位列中国游戏出海排行榜前十名。
2019 年 12 月	荣获中国游戏产业年会十大游戏研发企业、十大海外拓展企业、十大最受海外欢迎游戏（万国觉醒）、十大原创移动游戏（剑与家园）。
2020 年 1 月	《剑与远征》正式在国内上线，一经上线便位列苹果免费下载榜第一位。
2020 年 1 月	莉莉丝游戏向湖北省慈善总会捐款 1 000 万元人民币，用于新型冠状病毒性肺炎疫情防控。
2020 年 2 月	《万国觉醒》与《剑与远征》占据韩国游戏畅销榜前二，创造了中国游戏出海的新纪录。

第八章

ChinaJoy 与上海：相生相长的不解之缘

　　2015 年 8 月 1 日，超过 8.1 万人涌入上海新国际博览中心，12 万平方米的展览区容纳了来自 30 多个国家和地区的 700 余家企业，展商参展产品超过 3 500 款。这是全球数码互动娱乐领域最具影响力的行业盛会，简称 ChinaJoy 展览会，2015 年已是这个展会的第十三届，也是自创办以来规格最高、展览面积最大、举办活动最丰富的一届展会。至此，ChinaJoy 已经成为中国乃至全球互动娱乐领域一个重要符号，而这一符号，与上海这个城市紧密地捆绑在一起，也成为上海的一张靓丽的名片。

　　ChinaJoy 展览会每年 7 月下旬在上海举办，至今已经成功举办了十三届。2015 第十三届 ChinaJoy 展览面积 12 万平方米，参展企业 700 余家，其中 B to C 展区 200 余家、B to B 展区 500 余家。展商参展产品超过 3 500 款，参观观众累计入场人数达到 27.3 万人次，8 月 1 日入场人次超 8.1 万，创 ChinaJoy 单日人次之最。现场商务洽谈交易金额达 3.5 亿美元。展商及贸易观众来自 30 多个国家和地区。

　　ChinaJoy 从综合规模和国际影响力上成为世界顶级的数码互动娱乐产业盛会，并被成功塑造为我国第一个涵盖游戏、动漫领域的全球性顶尖数码互动娱乐产业的交流与合作平台。从影响力看，百度搜索引擎搜索 ChinaJoy 展会的相关报道达到 1 160 000 条，谷歌搜索引擎搜索 ChinaJoy 展会全球范围内的相关报道更是高达 2 580 000 条。2015 年，ChinaJoy 展会的影响力和规模均已超过美国 E3 游戏展和日本东京电玩展 TGS，成为全球最大且最具影响力的数码互动娱乐展会。13 年的时间，ChinaJoy 从一个不为人知、不被看好的项目一路摸爬滚打成长为全球第一的数字娱乐盛会，这其中的艰辛、努力和智慧只有它的缔造团队才了解。

一、ChinaJoy 的由来

（一）北京起航，落户上海

2002 年，北京一个北三环旁边的三层写字楼里，仅有 20 平方米的办公区，有一家不足 10 人的新的会展策划公司，它就是北京汉威展览有限公司。公司总经理韩志海带领着他的团队夜以继日地搜寻全球范围内所有与数码互动娱乐相关联的展会信息，这其中就包括美国 E3、日本东京电玩展、美国 GDC、法国数字娱乐展、韩国 KAMEX（Gstar前身）、日本 JAMMA、美国 CES、德国 CeBit 等，大家在找寻、分析、论证一个话题"是否有可能在中国举办一个国际性质的游戏展会？"。团队成员分析了国际上发达国家在数字娱乐产业的发展情况和市场需求，同时评估了中国游戏市场的发展前景和可能存在的商业风险后正式立项，官方名称中文定为"中国国际数码互动娱乐产品及技术应用展览会"，英文定为"China Digital Entertainment Expo & Conference"（ChinaJoy）。汉威公司随后向当时的新闻出版总署汇报并争取到了行业主管部门的支持。

2002 年，北京、上海、广州三大一线城市汇聚了 80% 的网游企业，在 ChinaJoy 当时的立项报告中全面分析了这三个网游产业环境最佳的一线城市，并在展会举办地的选择上面给出了建议："展会首次举办地建议在北京，主要考虑第一是良好的产业发展环境，其次是网游企业集中，第三是媒体集中，且传播覆盖全国，以及北京作为重要的网游消费群体密集区，也是被游戏企业作为重点产品推广的市场。"

考虑到上海和广州在产业发展中同样的影响力和战略意义，所以汉威公司计划将 ChinaJoy 展会每年在北上广这三个城市轮流举办以推动产业的地域性均衡化发展。由此，计划将第二届 ChinaJoy 展会选址上海。

后来，由于上海作为当时众多主要网络游戏企业的总部基地，企业产品推广需求旺盛，急需要一个会展平台辅助进行产品推广、商务对接、品牌宣传、技术交流，尽快提升企业的游戏进口产品筛选以及日后自主研发产品综合质量水平，满足以长三角经济高速发展地区甚至全国一二线城市日益增长的巨大游戏玩家群体的消费需求，同时应上海市人民政府的邀请，ChinaJoy 最终落户上海。

（二）取经

为了能够将首届展会举办成功，汉威公司由韩志海总经理亲自带队先后前往美国、日本和韩国向当时已经享有盛誉的美国 E3 电子娱乐展会、美国 GDC 游戏开发者大会、TGS 东京电玩展以及韩国 KAMEX 游戏机展进行考察学习。在走访各大国际展会主办方的过程中发现，因受累于盗版等问题，海外的游戏协会并不看好中国的游戏市场的发展，他们断言在中国是不可能出现具有国际影响力的游戏展会，而这些海外的游戏协会也不会让他们的会员出席中国的游戏展会。面对海外产业机构的冷漠，汉威公司决定调整工作重点，将展商的招募工作重点转移到国内的网游企业，在中国特有的游戏大环境下汉威公司策划出一系列围绕推动发展网络游戏领域的活动，海外方面主要在当时网游盛行的韩国加大展会的宣传力度，以吸引更多的韩国网游开发企业来华参会，而韩方在与中方的沟通过程中也表现出高于日美的合作态度。这也是日后，韩国成为网络游戏出口大国而日美网游产品难以进入中国市场的问题关键。

（三）命名

无论是 E3、GDC 还是 TGS 这些国际知名的展会都有一个短小精炼的品牌简称，以更便于推广和加深受众群体的记忆。汉威公司分析了展会的定位和行业性质，认为该展会所涉及的行业必将为今后广大消费群体带来更多的欢乐，故将其命名为"ChinaJoy"，同时也充分显示出主办方汉威公司对于展会定位的长期规划，绝非仅限于游戏行业，而是能够为终端消费群体带来欢乐的所有数码互动娱乐形式，近年才提出的泛娱乐概念其实在 10 几年前策划 ChinaJoy 展览的初期就已经被充分考虑了。

（四）创新

传统的会展项目形式和运营模式相对比较单一，企业参与并取得明显效果主要是在展览会期间。汉威公司在策划 ChinaJoy 展会的初期就看到了这些问题并全面考虑到以游戏为主体的参展企业的全年推广需求，在传统展会以展带会，产品推介和产业交流并举的基础上增加了 ChinaJoy 配套活动的组织，将 Cosplay 大赛、电子竞技大赛和游戏产品评选及颁奖活动按照全年的时间部署分别安排在展前 3 个月和展后三个月，这也使得 ChinaJoy 整体活动的关注度和关注周期大大提升，企业的参与度得到了最大限度的激发。ChinaJoy 从一个传统意义上的展览会进化为一个贯穿全年的系列活动。尤其是 ChinaJoy Cosplay 全国大赛伴随着 ChinaJoy 展会也逐步发展为拥有 22 个赛区遍布全国各省市，历时 3 个多月，参赛选手数以万计的大型游戏动漫 Cosplay 嘉年华赛事，同时 ChinaJoy 品牌也变得更加亲民，短时间内做到了深入人心。而展览会结束后汉威组织举办的"金翎奖——年度优秀游戏评选大赛"更是赢得了产业界的一致认同，在过去的十年时间，该奖项的影响力和号召力以及企业的参与度各方面都成绩斐然，金翎奖的设立从某种意义上来说成就了 ChinaJoy 在游戏行业中的专业性地位。而 ChinaJoy 不断创新的办展思路在每一年的活动中都有所体现，汉威公司紧跟产业发展、洞察市场热点、配合企业需求、不断改进创新的展会运营态度才是 ChinaJoy 快速成长、名扬海外并永远立于不败之地的秘诀。

（五）迭代

一款成功的游戏产品如何能够永葆青春？游戏开发商们需要不断为游戏用户提供新的体验、为游戏产品注入新的内容和玩法。这也是在中国大获成功的网络游戏不同于欧美盛行的单机游戏的巨大差异，网游作为"中国人的游戏"讲究的是产品运营的水平和玩家服务的到位，游戏中任务、版本的更新频率也就是产品的迭代速度成就了每一款经典的游戏产品。早期的欧美游戏公司对于这一点理解不够充分，这其中不乏众多的欧美网游在中国境内屡遭重创的案例。汉威公司深谙其道，ChinaJoy 作为植根中国的数码互动娱乐展会亦应该顺应产业和市场的发展不断迭代，活动内容与时俱进、推陈出新。汉威团队对于 ChinaJoy 项目每三年做一次大的规划，每年都会有所创新。

1. 2003—2005（ChinaJoy 第一个三年计划）

中国网游市场出现生机，盈利模式逐渐清晰，对于韩国网游产品进口需求成爆发性增长，巨大的市场需求和资金的涌入导致对于韩国网游产品非理性的采购，良莠不齐的产品成为中国网游运营商的烦恼。如何甄选优秀的进口游戏产品？如何为中国的游戏消费者提供质量和服务有保障的游戏产品成为 ChinaJoy 展会头三年的重要任务。在指导单位新闻出版总署的指导下（见图 8-1），ChinaJoy 展会严格规范参展品的审查制度并在展会期间举办以政策宣讲和产业交流为导向的高峰论坛、商务大会，配合政府行业主管部门和企业对海外优秀产品的筛选工作，以保障中资企业的利益。

图8-1　殷一璀、于永湛、孙颙等领导参观ChinaJoy

2. 2006—2008（ChinaJoy 第二个三年计划）

中国游戏产业经历了海外代理阶段，为了鼓励已经成长起来的中国本土公司自主研发具有自主知识产权的游戏产品，将中国优秀的传统文化主题融入游戏产品的开发中，汉威公司在 ChinaJoy 展会期间组织举办了中国游戏开发者大会，从技术层面加强中外交流，引入海外先进的研发经验和技术，全面推动中国游戏研发团队技术水平的提升，这也缩短了中国的游戏研发水平和产品质量与国际产品的差距，为日后中国原创游戏产品出口海外奠定了坚实的基础。

3. 2009—2011（ChinaJoy 第三个三年计划）

经历了代理和自主研发两个阶段，中国游戏企业自身的实力逐年提升，更多的中国本土企业具备了参与国际市场竞争的实力，更多的企业开始将自主研发的产品销往海外，有的公司开始在海外设立分支机构并自行运营他们的原创产品，尤其是在东南亚各国，由于文化差异不大，不少中国本土的原创游戏产品均占据了当地较大的市场份额。中国企业"走出去"向海外输出中国的文创产品的量逐年增加，ChinaJoy 展会再次适时地开启了 B to B 综合商务洽谈区，同时汲取海外展会的成功经验自行开发了展会在线商务配对系统，辅助国内外的商务企业利用展会平台大规模开展商务对接活动。在短短的三年时间里 ChinaJoy B to B 综合商务洽谈区的规模从最初的 5 000 平方米迅速增长为 35 000 平方米，来自全球近 30 个国家和地区的近 500 家展商参展，贸易观众近 50 000 人次到会，现场版权交易额突破 3.5 亿美金，ChinaJoy 展览会的商贸功能一跃成为全球第一的游戏版权交易平台。其中，中国本土数以千计的中小微型游戏开发企业成为最大的受益群体，中国企业可以在家门口与全球的代理机构、出版发行机构接洽合作，作为产业金字塔中位于底部的中小型创意企业的生存状况得到了巨大的改善，ChinaJoy 展会同期的商务性、技术性大会的数量和门类不断增加，平台的商务功能在这三年的时间里得到了巨大的提升，ChinaJoy 展会对于产业的支撑作用逐渐凸显出来。

4. 2012—2014（ChinaJoy 第四个三年计划）

伴随着智能手机的逐步普及，苹果商店所建立的 iOS 生态系统和安卓全面开放的商业模式的日趋成熟，手机游戏迎来了一个高速增长期，手游相对其他游戏门类较低的准入门槛和投资额度吸引了更多的产业成员纷纷投身于手游研发中来，而中国基于其特有的网游用户基础和玩家独特的游戏习惯走出了一条区别于海外的手游发展之路，而这离不开 ChinaJoy 展会和移动游戏企业家联盟（MGEA）携手打造的世界移动游戏大会（WMGC）的推动作用。该项产业活动为中外移动游戏企业搭建了一个平等、透明的沟通交流平台，任何国际上移动游戏产业的最新信息都能在第一时间与中国市场同步。同时，国内一些有实力的游戏企业也开始陆续调整自身的企业战略开始在"泛娱乐"领域广泛布局，游戏、动漫、影视、文学之间的跨界合作，业务的拓展层出不穷，相对应 ChinaJoy 也在第一时间做出响应，全球数字娱乐IP 合作大会（WIPCON）应运而生，该大会邀请国内外众多的影视、动漫、文学和游戏的 IP 持有方到会宣讲并接洽商务合作，高效地帮助企业利用 IP 建立泛娱乐领域的全面合作。ChinaJoy 也再一次成功地在第一时间对移动游戏的崛起和泛娱乐的战略规划做出了及时的响应。

5. 2015—2017（ChinaJoy 第五个三年计划）

这三年数字娱乐技术和产品形态更加丰富多彩，基于一些智能硬件设备应运而生了多种娱乐产品和娱乐方式。ChinaJoy 已经开始了在智能硬件相关联活动的策划和布局，在推动数字娱乐内容产业发展的同时大力扶持智能硬件制造商与内容生产商之间建立牢固的纽带关系，中国的数字娱乐行业走出一条"软硬结合"的发展之路，像 VR/AR 先进技术的广泛应用为数字娱乐体验带来更多新鲜内容。而针对企业在新形势下对于新的商业模式的探索和尝试，ChinaJoy 展会平台持续给予了及时、准确、专业的支持和服务。

二、ChinaJoy 诞生的产业背景

俗话说：一个展览会就是一个行业的缩影，这一点在 ChinaJoy 展会项目上也体现得淋漓尽致。ChinaJoy 之所以能够取得成功，很重要的一点就是展览会在初创阶段定位准确，展览会主题明确，切入的是高速增长并市场潜力巨大的创意产业。汉威团队在立项初期对于产业的理解和分析比较准确和透彻，这也是把握项目方向的关键。

2002 年中国 PC 单机游戏市场份额为 5.86 亿，PC 单机游戏 200 款

左右,由于受到盗版等问题的困扰产业发展在之前的五年一直非常缓慢,全国从事游戏代理的机构不过 30 余家, 这对于中国这个人口众多的巨大市场来说的确不太相称。此时中国的网络游戏产业正处于起步阶段,全国的网游用户达到了 807 万, 其中付费用户为 401 万, 网游整体的市场规模为 9.1 亿元人民币, 网游的从业企业近 90 家, 产品逾百款, 在当时很多传统行业动辄百亿、千亿的产值面前网游行业还是 "小儿科"。但基于其全新的商业模式以及产品运营特点, 短短的三年时间, 网游市场规模从 2000 年的 2 500 万人民币一跃到 2002 年的 9.1 亿人民币, 每年的增长率都在 200%—300% , 惊人的增长率对应市场份额的快速提升以及网游玩家数量的迅速膨胀让越来越多的中国企业看到了网游这种游戏形式所带来诱人的商业前景。十余年后的今天, 中国的游戏行业的产值已经突破了千亿人民币, 网游用户达到了 1.34 亿, 短短十余年的时间中国巨大的消费市场缔造了又一个产值破千亿的行业。

三、ChinaJoy 展会构架的发展与演变

ChinaJoy 展会在其策划初期就是基于国际上一些特点鲜明的游戏产业知名活动的组织形式, 结合中国游戏企业的实际需求来设计和策划的。例如美国 E3 展会, 它的特点是一个纯粹的游戏产品经销商展会, 展会本身不对游戏玩家开放, 仅为来自全球的游戏出版商、发行商、渠道、营销机构、产品研发机构等产业人士提供一个商务对接、产品展示和体验的平台, 简单地说 E3 是一个 B to B 类型的展览会, 因此, 展会期间的会议、论坛等研讨活动也没有举办, 取而代之的是一些知名游戏出版发行以及主机平台各自举办的盛大的产品发布会, 其目的也是商务宣传、新品发布。再比如, 历史悠久的日本东京电玩展 (TGS) , 早期的日本东京电玩展春秋两季举办, 主要是面向广大的游戏爱好者, 发布和现场体验最新的或者是即将上市的游戏产品, 是一个真正意义上的 B to C 展会, 主要办展目的是帮助游戏企业直接向游戏的终端用户推荐其最新的游戏产品。展会期间也没有举办针对产业

发展、商务推动的国际性论坛及会议活动。另外，还有像韩国 Gstar 展会，早期的韩国 Gstar 游戏展包含双重功能（B to C 和 B to B 展区）但由于韩国整体人口基数不大，即使游戏用户所占国家总人口的比例非常高，但整体国内市场潜力也有限，而韩国政府更加鼓励韩国文化的海外输出贸易，这也使得大量的韩国游戏产品尤其是网游产品能够快速有效地推广到世界各地，因此，随着时间的推进，Gstar 越发重视其 B to B 展会部分而 B to C 部分逐年萎缩。目前来看国际买家会更加认同 Gstar 的 B to B 功能以及其所带来的商务价值。再者，全球游戏行业的知名游戏开发者大会美国 GDC 则是一个纯粹的技术分享的大会，自身的展览规模不过 2 万平方米，展示的内容也都是技术类的展品和解决方案，展会是配合大会的，大会作为主题内容涉及众多的游戏研发技术领域和平台，其专业程度可圈可点，其目标服务人群就是纯粹的游戏开发者。但近几年美国 GDC 大会也加入了商务内容，使其受众群体更加丰富，但同时产业界也会有不同的声音挑战美国 GDC 大会的内容不再精准定位在游戏研发技术分享层面，这与 GDC 设立的初衷发生了偏差。但 GDC 大会策划和组织工作还是值得借鉴和学习的。

综合以上全球几个著名的游戏行业盛会的办展思路、组织技巧以及定位，同时结合中国游戏行业发展状况和企业需求，首届 ChinaJoy 在设计构架上以展览会为主题，配合组织策划产业论坛和技术研讨会同步推动产业交流和商务互通，另外，组织 ChinaJoy Cosplay 比赛和电子竞技比赛以吸引人气丰富现场活动。首届 ChinaJoy 展会以 B to C 展会为主，辅以 B to B 会议和论坛，整体构架相对全面，展会的主要任务是辅助游戏企业完成游戏产品面向玩家的推广。

从首届 ChinaJoy 的整体活动框架可以看出作为主办方的汉威公司是在充分全面研究分析了当时全球各大游戏行业盛会策划理念和办展特点的基础上结合当时中国国内游戏产业发展状况和企业迫切的需求所规划出来了 B to B 与 B to C 集合的独特形式，该形式在随后十几年的发展中也一直没有改变，但展会的主要活动内容一直与时俱进，充分考虑不同时期市场和产业的发展热点、方向以及快速迭代的游戏产品和不断调整的企业需求。发展至今日，我们再看 ChinaJoy 的整体活动结构，应该说更加全面、丰满、细致入微，这也最终成就了 ChinaJoy 作为全球第一大游戏展会的国际地位和产业影响力，为中国企业在全球范围内的发声同时开展全球商务层面的合作提供了一个自主平台。

目前 ChinaJoy 活动策划的内容涵盖了游戏动漫产业、商务、技术、玩家等方方面面相关联人群的不同层面的需求，它集合了像美国 E3 和韩国 Gstar 此类 B to B 商贸展会的功能，也集合了像日本东京电玩展（TGS）和科隆游戏展这样 B to C 展会的产品市场推广功能，同时更集合了美国 GDC 大会的技术分享功能以及法国 Game Connection 这样商务型大会的商务洽谈对接功能，ChinaJoy 这个植根于中国影响力辐射全球的国际性产业盛会集合众家之所长于一身，综合功能强大。ChinaJoy 将继续紧跟市场和产业的发展随时调整活动内容和形式（见图 8-2）。

(a)　　　　　　　　　　　　(b)

(c)　　　　　　　　　　　　(d)

图8-2　ChinaJoy展馆盛况

（a）暴雪＆网易展台　（b）动漫馆　（c）高通骁龙主题馆　（d）腾讯展台

四、ChinaJoy 永久落户上海

（一）落沪

2004 年 10 月 5 日至 7 日在上海新国际博览中心举办的第二届中国国际数码互动娱乐产品及技术应用展览会以"自主创新、健康体验，振兴中国民族游戏产业"为主题，展览面积为 20 000 平方米，中外参展商达到了 140 家，参展游戏作品达 167 款，吸引了 431 家媒体和 7 万余名观众，在海内外业界造成了巨大的轰动，已经成为当时全球第三大游戏展，仅次于美国的 E3 游戏大展和日本的东京电玩展，是中国国内规模最大，最具权威性、国际性、专业性，并极受广大玩家欢迎和认可的数码互动娱乐展览会。

第二届 ChinaJoy 在上海成功举办，这也是上海首次成为 ChinaJoy 的举办城市并参与展会的筹备，上海市人民政府正式成为 ChinaJoy 展会七大指导单位之一，而上海市新闻出版局正式成为展会的主办单位之一。此次展会较在京举办的第一届 ChinaJoy 展会无论是从规模上、展商数量上、国际化程度上以及媒体关注度等方面均有了较大提升，企业反响强烈，这也让到会的政府嘉宾以及上海市领导印象深刻，对于发展以游戏动漫为代表的文创产业更是充满信心。为了能够更好地推动上海以及长三角地区的游戏动漫产业发展，鼓励中外游戏动漫企业在沪投资，充分发挥 ChinaJoy 对于产业发展的推动作用，上海市委与当时的新闻出版总署商议决定将 ChinaJoy 展会永久落户在上海，这也符合国际性重要展会固定时间、固定地点的国际惯例。

在上海举办的第二届 ChinaJoy，无论是到场观众总数、专业观众数、到场媒体数以及参展厂商数，都创下了一个又一个新高，这样的展览也开始受到包括已经参加过展览的 EA，ATARI，SONY 等和表示有浓厚兴趣的 SOE，SEGA 等其他国际著名游戏厂商的越来越多的关注，甚至将吸引微软公司参展。同时，错开了 E3 和 TGS 的关注度高峰，而将展览时间放在我国大中小学生的暑假期间，也能为广大游戏厂商

带来更好的宣传效应。同时，上海政府的代表也在会上表示，ChinaJoy 落户上海是上海的荣幸，将全力支持这一游戏盛会，把它打造成上海周边地区甚至全国玩家期待的嘉年华和游戏厂商展示游戏的饕餮盛宴。

这一背景似乎预示着，将有什么大事要发生。

果然，北京时间 2005 年 1 月 11 日上午 9：30，ChinaJoy 主办方新闻出版署等和承办方北京汉威国际展览有限公司在上海金贸大厦君悦酒店召开了关于第三届 ChinaJoy 的新闻发布会，时任新闻出版署司长寇晓伟表示，不仅本次 ChinaJoy 依然在上海，今后的 ChinaJoy 为能成为和 E3，TGS 之后世界第三大展，决定将举办时间，地点都固定。ChinaJoy 永久"落沪"，就此确定。

当时，上海拥有 1 600 万人口，占地面积达 5 910 平方千米，是中国重要的经济、金融中心和最大的贸易口岸城市。上海拥有大专院校 46 所，大学本科及以上学历者超过 27 万人，中小学生 169.99 万人，是中国文化教育水平最发达的地区之一。上海作为中国游戏产业发展最迅速、最集中的城市，当时已经成为民族游戏开发的重要市场之一。它凭借良好的投资贸易环境、发达的电信服务设施、完善的城市基础设施建设和较高的政府政务管理水平日趋成为国际数码互动娱乐的重要市场之一。

从行业背景看，上海在国内游戏厂商聚集最为密集，网络游戏产业最为发达，产值比重在全国占有最高，同时也是国际化程度最高的国内城市，拥有着广泛的玩家消费群体以及厂商资源，因此新闻出版总署决定，在每年五月 E3 展会结束后，九月东京电玩展之前的七月，在上海举办 ChinaJoy。

寇晓伟说，上海占全国游戏产业经营额的 70%。在 2004—2008 年"推出 100 款民族游戏"规划中，首批设计的 21 款游戏中，有三分之一来自上海。此次建于上海的游戏产业基地将带动长三角乃至整个华东地区的游戏产业，且此次游戏产业基地建设的选址不在高校、科研院所内，而是靠近企业，更加注重游戏软件的研发与企业间的紧密联系。

中国国际数码互动娱乐产品及技术应用展览会此前在北京和上海已成功举办了两届，得到了包括信息产业部、教育部、共青团中央以及主办地政府的大力支持。一些国内外机构如中国关心下一代工作委员会、中国出版工作者协会、中国软件行业协会、中国互联网协会、中国电信集团公司、日本计算机娱乐供应商协会（CESA）、欧洲互动软件联盟（ISFE）、韩国游戏产业开发院（KGDI）和韩国游戏机制造商协会（KAMMA）等也对展会予以了积极支持。在上海市政府的大力支持下，ChinaJoy组委会决定将该展会永久落户在上海，为中国民族游戏产业的发展提供专业化、国际化的平台。

时间转到2014年6月，在移动游戏孵化与投资论坛上，作为前版署游戏业务的主管领导的寇晓伟感慨道："在12年前创办ChinaJoy的时候，我冒一个风险做了很大的决定：把ChinaJoy永久地落户在上海。当时定位要在北京、上海轮流主办。但最后为什么落在上海？这是我之前说到的：上海的这种政府的支持，国际化的环境等。上海是中国非常重要的游戏产业发展中心之一，曾经最辉煌的时候上海的游戏产值超过全国的一半以上。这也离不开上海游戏业的支持。目前整个手游产值分布上，上海的手游产值跟北京和广东确实还有一定的差距，但是我认为上海市有它良好的产业基础和产业环境。所以我也是希望借助应用谷这个项目，在培养新的力量方面为上海做一个贡献。能够促进上海重新成为中国最具影响力的产业中心。"

2015年，上海市新闻出版局副局长祝君波表示，落户上海十年间，ChinaJoy已经成为一个世界品牌，在为广大玩家和参观者带来快乐感受的同时，它也让本地企业得到良好的辐射，为企业的稳定发展和快速成长增添了优势、带来了便捷。未来，上海新闻出版局将继续办好ChinaJoy，建设国际一流平台，积极为上海游戏业的集聚和发展提供支持。

（二）相长

ChinaJoy自2004年正式落户上海至今每年定期在上海召开，伴随着 ChinaJoy 的产业影响力和国际影响力的逐年提升，展会本身对于上海市游戏动漫产业的推动作用也逐年显现并辐射全国乃至亚洲范围，ChinaJoy 作为了解中国游戏动漫行业的一个窗口也让全球的游戏产业看到了游戏动漫行业在中国的发展状况，上海作为游戏动漫产业的前沿阵地获得了更多关注。

1. 网游公司在上海设立总部的比例明显高于全国其他城市

2004 年 ChinaJoy 主办方联合上海市正式宣布 ChinaJoy 展会永久落户上海，在随后的几年时间里众多的网游公司在上海成立或将总部落户上海，除了上海本土的盛大、九城等公司以外，网游行业的后续企业光通通信、聚友网络、万向通信、邮通科技、巨人网络、久游网、联梦在线、天联世纪、摩力游、悠游网、天游网络、游趣网络、天希网络、暴雨信息、淘米、游族网络、恺英网络、上海网易等众多的游戏公司将总部设立在上海，众多的上海网游企业先后在美国纳斯达克、纽交所以及香港和内地上市，掀起了一轮中国游戏概念股全球化融资的浪潮。借助 ChinaJoy 平台的全球化品推也开展得如火如荼，海外机构和游戏企业愈发关注中国游戏产业的发展并希望与中国游戏企业开展广泛深入的全球化合作。上海地区的网游产业进入了高速增长期，上海市以游戏为核心的文创产值屡创新高成为中国网游产业发展最快的城市。长三角地区也成为中国网游市场产值最高的区域，各大网游企业最为重视的客户市场。

2. 海外游戏公司在华设立分支机构首选上海

倚重于上海这一国际化的经济发展中心，ChinaJoy 拥有了国际化的窗口。在历届的 ChinaJoy 展会上，国际化这一展出趋势也始终都在向上发展。2013 年中国国内游戏产业规模高达 831.7 亿元，潜力巨大的游戏市场吸引了全球顶尖的游戏开发商，在 2013 年的 ChinaJoy 上，暴雪、EA、微软、索尼等国外游戏巨头纷纷参与，对展会保持极大关注。而国内的游戏厂商也借助 ChinaJoy 这一平台从投资、产品等多个角度整合资源，加速了国内网游的全球化进程。2014 年 ChinaJoy 的助力更为显著，在 B to B 综合商务洽谈区中，海外 30 多个国家和地区的 350 多家展商携最新产品、技术出战，交易金额超过了 2.5 亿美元，从现场洽谈情况可以看出，国产游戏已经彻底开启了国际化时代。

通过每年 ChinaJoy 在上海的举办让更多的国际性企业对中国的游戏产业发展状况以及市场规模有了更加具体和详尽的了解，尤其是对上海当地的游戏和文创产业的优惠政策有了全面的认识，海外的企业代表在来华参观展会期间全面且高效地接触到众多的中资企业，中外游戏企业的合作广泛开展，这也使得越来越多的海外企业对参与中国市场的开拓越发产生兴趣并充满信心，游戏行业国际知名企业例如 EA（美）、育碧（法）、暴雪（美）、动视（美）、Xbox（美）、索尼娱乐（日）、NCsoft（韩）、世嘉（日）、KONAMI（日）、NAMCO（日）、Webzen（韩）、Wemade（韩）、Sidas（韩）、EPIC（美）、Unity（美）、Crytek（德）、Eidos（英）、2K（美）等全球各地的游戏公司设立中国分公司或建立合资公司是都将在华总部选址上海。上海较为成熟的产业环境和便利的商务配套设施是促使这些海外机构落户上海的主要原因，而 ChinaJoy 是他们了解中国、感受上海的第一站。

3. 中小型网游研发团队在上海以及长三角地区的数量有明显增加

除了与外界接洽的国际化之外，对外来产品进入国内市场所面对的本土化，ChinaJoy 上也一直有着自身深刻的见解。国内玩家对游戏的偏好有着明显的地域特征，因此国外游戏在面向本土玩家时势必要有针对性地进行改造才能赢得市场。

ChinaJoy 每年在上海举办，便利的学习和交流平台为上海当地游戏研发团队的成长提供了诸多帮助。每届 ChinaJoy 期间举办的数量众多的商务洽谈、技术交流研讨等活动更是影响了上海本地的人才大量投身游戏研发和创作领域，人才的大量涌现使得上海成为游戏产业发展最为迅速的城市。2004 年上海本地的网游研发团队仅有 10 几家，而到了 2014 年上海本地的游戏研发企业数百家，游戏行业从业人员从

2004年的1 500人左右增长到2014年的7万多人，上海周边城市如杭州、苏州、无锡等地游戏产业的发展也被带动起来。

2013年，参加 ChinaJoy 的日本 Gumi 公司创始人国光宏尚在接受媒体专访时表示，日本的游戏公司想在中国市场发展就必须实现本土化，并且与中国公司之间做到互相尊重文化与知识积累，例如日本的玩家擅长掌机 RPG，而中国玩家更喜欢 MMORPG，移动市场的发展已经令这两者可以融合，因此合作研发推广才能打造更符合市场需求的精品。

上海自贸区成立后，国行版次世代主机 Xbox One 首次亮相于2014年的 ChinaJoy，微软中国区总经理谢恩伟也在与 ChinaJoy 同期举办的行业会议上提到要努力将本土元素加入 Xbox 之中，为玩家提供更愉快的用户体验。

本土化并不单指内容上，从企业组织架构到寻找合作伙伴都是其中的重点，作为引领游戏业界发展的 ChinaJoy，在展会上更凸显本土化是非常重要的一环。

4. ChinaJoy 作为一个行业盛会"窗口功能"充分体现

ChinaJoy 自2004年第二届在上海举办至今，每年都吸引来了来自全球30多个国家和地区，逾5万全球游戏动漫以及泛娱乐领域的商务人士到会参观洽谈。每年700余家参展企业中，海外企业占比超过40%，是名副其实的国际性产业盛会。其中的中国企业更是每年展会的主角，展会期间所展示的游戏产品超过3 000款，"中国智造"的文创理念已经得到了充分的体现，国家鼓励优秀的中华文化通过游戏这一载体已经开始远销海外。目前，每年众多的海外游戏代理、出版、发行机构必会出席 ChinaJoy，借此平台选购中国游戏企业生产的优秀产品，中国游戏的全球发行之路就此开启，中国优秀的游戏出版物正在源源不断地输出海外。首先是文化近似的东南亚市场，以及日本、韩国市场。同时，中国生产的带有中国元素且符合西方审美和玩家喜好的多元化产品也正在逐步走向欧美，ChinaJoy 这个中国自主品牌的综合平台正在积极地发挥着它的作用，逐年将中国本土游戏企业生产的高质量游戏产品推往海外。中国的游戏企业通过 ChinaJoy 实时保持与海外的信息同步、技术同步，而海外公司也通过 ChinaJoy 这个高效平台了解中国游戏市场的发展方向，中国作为游戏消费大国游戏玩家的喜好和当年的游戏热点，并通过寻找和选择最为合适的合作伙伴一同开拓这个全球最具潜力的市场。ChinaJoy 的产业"窗口功能"在每一年的活动中得到不断强化，现在，全球游戏行业的专业人士已经养成了一个习惯，那就是每年的 7 月底他们都会不远万里来到中国、来到上海、来到 ChinaJoy 共同分享一年的收获和成果，共同商议今后的发展与合作。

（三）ChinaJoy 的未来

ChinaJoy 这个大家熟知的展会，绝大多数人关注他是起始于游戏、动漫、时尚、礼品，如果你尝试在百度网站检索"ChinaJoy"这个关键字，搜索结果高达 120 万条，如果你尝试在谷歌网站检索"ChinaJoy"这个关键字，全球搜索结果高达 250 万条，每年 ChinaJoy 期间众多的游戏动漫媒体、视频网站都在转播 ChinaJoy 的盛况和期间丰富多彩的活动，全国亿万玩家在 7 月份他们最关注的事件只有一个——"ChinaJoy"，我们有理由认为 ChinaJoy 的影响力和吸引力已经超过了一个传统意义上的展览会，而成为一种拥有庞大粉丝群且收到高度关注的社会事件。作为 ChinaJoy 的缔造团队——汉威公司历时十余年的精耕细作打造出来的绝不是一个常规的产业活动，团队一直在努力打造一个为中国亿万游戏动漫时尚年轻群体所耳熟能详的 4A 级品牌，虽然它起初以游戏动漫会展形式呈现给大家或者说团队选择了一个塑造顶级品牌的着力点，但接下来这个品牌形态将会发生怎样的延伸和拓展才是关键。沿着这样的思路汉威团队正在规划 ChinaJoy 未来的发展方向，这也让喜爱这个品牌的年轻人群对它浮想联翩。十余年，ChinaJoy 潜心钻研积累了怎样的底蕴资源？他与全球游戏企业、动漫企业以及泛娱乐领域的重要产业成员建立了何等牢固的信任和合作关系？ChinaJoy 这个品牌通过十余年的广泛传播深入人心，他的下一次华丽变身将会为数以亿万计的粉丝带来怎样的惊喜？千变万化的同时一成不变的是汉威团队依旧会深入了解亿万粉丝的需求，分析他们希望看到未来基于 ChinaJoy 品牌衍生出哪些服务。是遍布各大城市的 ChinaJoy 嘉年华？还是以经典游戏动漫为主题的 ChinaJoy 游乐园？或者是基于先进的虚拟现实技术和增强现实技术而打造的虚拟 ChinaJoy 在线世界？一个永不落幕的 ChinaJoy 正在等待我们去发现、去开启。现在我们只能说未来的 ChinaJoy 绝不仅是一个游戏动漫行业的展览会，一切皆有可能，最后借用 ChinaJoy 的宣传口号让我们再次感受这个品牌希望传递给亿万粉丝的真谛——"Let Us Joy"。

附：国际知名游戏展会简介

1. 美国 E3 展会

E3 展会（又称 E3 游戏展），即 Electronic Entertainment Expo/Exposition，简称为 E^3，常被写作 E3。是世界上电子游戏界最大的年度商业化展览，也是第三大的游戏大会。展览只对电子游戏界业内人士以及记者开放，并且制定了了 18 岁以上才能参观的年龄限制。

E3 一般在每年 5 月第三周于美国洛杉矶的洛杉矶会展中心举办。展览在 20 世纪 90 年代曾经在亚特兰大举办过两次，但是与会者数量极少。ESA（Entertainment and Software Association，娱乐和软件协会）称 2005 年的 E3 大展有超过 70 000 的参与者。

很多电子游戏的开发者会在展会上展示他们即将上市的游戏，或者发布即将面世的硬件产品，其中的 1/5 是从未向公众展示过的。大展的独立奖项"游戏批评奖"（Game Critics Awards）从 1998 年开始，颁发给 E3 展会最出风头的各种游戏。

第一届 E3 大展是由互动数码软件协会（Interactive Digital Software Association，现在称为娱乐和软件协会）于 1995 年举办的。以前大多数游戏开发者会到其他展会上展示他们的作品，比如消费电子展览（Consumer Electronics Show）和欧洲电脑交易展（European Computer Trade Show）。

E3 每年举办时都会安排好一周活动，这样参展者就很容易安排自己的日程。这样的举措也方便了采访展会的记者们。

很多著名的厂商（比如 Sony、微软和任天堂）在"E3 一周"的周一和周二都会举办一个新闻发布会。一般来说像 E3 这种大型展会举办的时候，洛杉矶区域和附近的旅馆都会爆满，大量的工作人员会在各处为自己公司的新产品拉起横幅造势。从周二到周四，面向游戏发行商和制作者的大会就要召开，大家会聚在一起讨论游戏业以后的发展方向。这个会议通常会在展厅二层最里面的房间举行，以便避开公众的目光。

星期三开始，连续三天的大展就要开幕。参加者们都会聚到展厅之内。此后的每天基夫·戴维斯（Ziff Davis）都会撰写文章报道展会，包括比赛的情况、参观指导等等。

星期五是展会结束的日子，通常这天参观时间是最短的。

2. 日本东京电玩展（TGS）

Tokyo Game Show 缩写为 TGS，即"东京电玩展"，是在日本千叶市幕张展览馆举办的国际大型家用机（主机）游戏展览。东京电玩展的内容以各类游戏主机及其娱乐软件、电脑游戏以及游戏周边产品为主。始办于 1996 年。TGS 是索尼公司的主阵地，任天堂公司较少参与。

第一届东京电玩展于 1996 年举办，从 1997 年开始每年在春秋两季各举办一次，在 2002 年改为每年举办一次。通常每次展览举办三天，第一天为专业人士参观日，只对游戏业内人士和媒体开放；第二天和第三天为一般开放日，对所有参观者开放。从 2007 年起展览时间延长到 4 天，为专业人士的交流和参观（商业行为）增加一天。

3. 德国科隆游戏展（Gamescom）

科隆国际游戏展（Gamescom）由创办于 2002 年的原莱比锡游戏

展（Games Convention）发展而来，2009 年起正式移师科隆，是欧洲最大、最权威、最专业的综合性互动式游戏软件、信息软件和硬件设备展览。同时科隆游戏展也是德国唯一一个集中了游戏软件、硬件、娱乐设备、信息软件和设备的大型国际展会。每年各国都有大批软硬件厂商参加展览，是游戏厂商和欧洲玩家及媒体交流信息的主要平台。有来自 25 个国家的近 300 个参展商注册了该展会，这也使得 Gamescom 成为欧洲地区的大型游戏专业展会。

4. 韩国国际游戏游戏展会（Gstar）

韩国国际游戏展示会（Game Show & Trade, All-Round，简称 G-Star，又称 Game Star，也简称 G ★）是一项在韩国国际展览厅举办的展览，每年选定于 11 月举行，除了基本的展览以外，另外也会进行韩国游戏产业论坛（Korea Game Conference，简称 KGC），供各国游戏厂商进行技术交流与商机交换。

在此之前，韩国 Gstar 组织委员会为了整合游戏与娱乐产业，于 2004 年 12 月宣布将韩国游戏展示会（Korea Amuse World Game Expo，简称 KAMEX）、韩国街机游戏展（Korea International Amusement Parks & Attractions Show，简称 KOPA）、韩国数位内容博览会（Digital Contents Fair，简称 DCF）等三大展览整并，并且另外安排了其他的相关活动。

整合之后的展览，导向也从原先的消费者导向转换成国际商机交换，因而均衡了商业与消费的机能。

5. 美国游戏开发者大会（GDC）

GDC 是 Game Developers Conference 的简称，中文名称为游戏开发者大会。

GDC 是一年一度的游戏开发者最大的聚会，每年有数万名游戏开发者参加大会。大会奖项有年度最佳游戏奖、年度最佳原创音乐奖、年度最佳角色设计奖、年度最佳游戏设计奖、年度最佳游戏设计奖、年度最佳游戏设计奖、年度最佳剧本创作奖等。

大会安排了为期 5 天时间的一系列演讲、培训、小组讨论、高峰会议和圆桌论坛，还举办相应的游戏展览会，参与人数最多达到了一万八千余人。GDC 汇集了众多经验丰富的游戏开发商、发行商、交易商以及有志于这个行业的年轻人，每年有约 400 媒体记者参与报道。

6. 法国 GC 大会

法国 GC 大会（Game Connection）致力于打造电子游戏行业的专业展会，每年在欧洲、北美和亚洲分别举办一次。展会主要包括 B2B 洽谈、演讲会和大师班三个部分。

（韩志海）

附　录

附录一　ChinaJoy 为何在上海成功

ChinaJoy 是中国国际数码互动娱乐产品及技术应用展览会的简称。它在全球游戏界已成了一个响当当国际品牌。前些年，美洲有洛杉矶的 E3 游戏展，科隆有欧洲的游戏展（Gamescom），亚洲的中心在日本的东京电玩展（Tokyo Game Show），日本是任天堂、索尼的故乡，单机游戏的重镇。2004 年中国 ChinaJoy 起步的时候，与上述几家展会相比真的是名不见经传。大约在2013年，ChinaJoy 的规模已是世界第二，亚洲第一。随着单机版游戏的弱化，全球游戏消费和生产中心转移到中国。近年，ChinaJoy 已宣布位居世界第一。

一、缘起和发展概况

第一届 ChinaJoy 于 2004 年 1 月 16—18 日在北京展览馆举办。因为 2003 年"非典"的影响，展会延到次年一月才办。后来听说首届展览规模不大，虽然是一个很好的概念但似乎当时并未引起太多关注，而且当时展馆的条件和服务不太理想。

记得是在这年的初夏，冠晓伟到上海拜访孙颙局长和我，提出想把 ChinaJoy 移到上海来。当时游戏业还是一个敏感的话题，但是上海已走在全国的前面，游戏业在陈天桥、朱峻等人的努力下，已发展起来，这年的 5 月 13 日，上海盛大已在美国上市成功。孙局长表示欢迎。因为 10 月要在上海展出时间很紧，一步步地走文件程序肯定来不及，于是由我陪同冠司长直接去拜见时任上海市副市长的杨晓渡同志，向他汇报游戏业的情况、前景以及为什么移师上海举办的原因。杨市长听了当即表示支持，让我们抓紧书面行文。于是，我们一边报批，一边进行展览准备。很快，上级同意ChinaJoy由上海市政府和总署共同主办，我们局与汉威展览都是承办机构。得到领导支持，这是后来事情比较顺利的重要因素。

于是，第二届ChinaJoy就在2004年10月5日于上海浦东新国际展览中心成功举办并宣布永久落户上海。与后来发展的规模相比，当时可能还是"星星之火"，展区面积2万平方米，仅有140家参展商的167款游戏参展，外国公司比较少，但美国E电、法国育碧等知名公司还是来了。场馆小，但依然十分火爆。虽然门票50元（周末100元），现场很多新游戏的免费体验以及各大公司慷慨的礼品发放，还是吸引了6万多热情的观众。以后，ChinaJoy一届比一届火爆，规模一届比一届大。浦东新国际展览馆有16个馆，初去这个展览馆，心想这么多的馆，位置又在市郊，什么时候可以填满。没想到后来真的越做越大，把16个馆17万平方米都填满了，成为上海文化产业最成功的展会。有一次展馆的总经理对我说，我们展馆就两个展览最火爆，一个是汽车展，另一个就是游戏展。我才意识到ChinaJoy真的长大了，详见表9-1。

表9-1　2004—2019年ChinaJoy展规模

年　份	届　别	参展商	海外参展商	游戏品种	观展人数（万）	展出面积（万平方米）
2004.1	第1届	129	12	145	6.1	1.5
2004.10	第2届	140	14	167	7.5	2.0
2005.8	第3届	156	19	289	8	2.5
2006.8	第4届	161	23	338	9	3.0
2007.8	第5届	163	24	345	10	3.5
2008.8	第6届	170	28	354	12.4	4.0
2009.8	第7届	187	29	367	13.8	4.5
2010.8	第8届	190	30	407	16.8	5.0
2011.8	第9届	283	79	482	18.3	6.0

（续表）

年 份	届 别	参展商	海外参展商	游戏品种	观展人数（万）	展出面积（万平方米）
2012.8	第10届	449	134	603	19.7	7.0
2013.8	第11届	480	115	701	19.6	7.5
2014.8	第12届	550	150	1 600	25	10
2015.8	第13届	700	200	3 500	27.3	12
2016.8	第14届	900	200	4 000	32.5	17
2017.8	第15届	1 000	350	4 500	34.3	17
2018.8	第16届	1 025	352	4 000	35.5	17
2019.8	第17届	910	230	4 000	36.47	17

2015年8月，我办完第12届后就退出了领导岗位，作为一个参与者和见证人，我一直想把ChinaJoy落户上海作为文化产业发展的一个典型的成功案例写出来，让业界的朋友共同分享其中的经验和原因。

这里，我们用一串数据描写出ChinaJoy的发展。

（1）参展商统计。

2004年第2届参展商140家，其中国内企业126家，海外企业14家。2018年，参展商1 025家，增长近8倍，其中海外企业达352家。

（2）游戏展品统计。

2004年第2届展示游戏品种167款，2018年第16届游戏4 000余款，增长26.9倍。

（3）观众数统计。

2004年第2届观众6.1万余人，2018年第16届35.5万人，增长5.8倍。其中专业人士超过5万。

（4）场地。

2004年第2届展览面积2万平方米，2018年第16届达到17万平方米，新国际展览中心16馆全部利用起来。

（5）版权交易。

由第2届不设商务洽谈区，到2018年第16届设商务区4万平方米，意向成交超过 5 亿美元。

二、ChinaJoy 移师上海以及我们欢迎它的客观原因

ChinaJoy 以及很多展会在上海的成功，在于上海这个城市综合的条件和优势，包括它的硬件以及人才、文化底蕴等软实力，主办人在此基础上努力，把内因与外因统一起来。所以，城市的基础是重要的因素。此外就是其他因素了。

（一）上海是当时中国游戏产业的高地

游戏是人类与生俱来的消遣，由原始游戏到网络游戏，期间经历了漫长的过程。我国的电子游戏业最早由旅居日本的王子杰等先生引进任天堂单机版游戏开始，它以电视机为显示屏，曾风靡一时。上海就是一个引进和分销中心。后来因被大量盗版而无法在我国维持。

2000 年后，陈天桥和朱峻两位网络游戏的先驱，先后创办盛大游戏和第九城市，引进了韩国等地以网络、多人互动为特点的网络游戏《传奇》《奇迹》。特点是难以盗版，同时陈天桥的盛大创造了玩家买点卡上网付费玩的模式，一时全国玩家四起，《传奇》同时在线人数曾达 65 万之多，上海很快成为网络游戏的中心，当时占全国 80% 以上的市场分量。2004 年上海游戏业发生了三件大事：5 月 13 日盛大游戏在美国纳斯达克证券交易所上市，股价 11 美元，募集资金 15 239 万美元（次年陈天桥以超出 100 亿人民币的身价名列中国首富）。12 月 15 日，第九城市在美国纳指上市，发行价 17 美元，当日开盘价 21 元，全球轰动。同年 11 月 18 日，上海巨人网络成立，史玉柱出任 CEO，首款民族游戏《征途》正在开发中。除了以上三大公司，当时上海还活跃着久游、世纪天成、邮通等一批实力雄厚的网络企业，所以上海当时作为我国的游戏高地是实至名归的。

ChinaJoy 的展会内每个大公司的展台搭建投入相当大，约 500 万—1 000 万元。除了场租、搭台、设备安装，还要大量的明星、Showgirl 和服务人员，所以把参会移到上海，方便上海的大企业就近参加，快

速地形成展会的大格局，是明智之举，也是移师上海的一大重要原因。

（二）上海展会的硬件领先

上海是个国际化的大都市，航空运输、酒店服务、地理位置、人才优势，在当时客观上居于一流水平。除此以外，上海一直在打造中国、亚洲甚至世界的会展中心，展会条件也较为先进。

（1）上海新国际展览中心规模大，展厅宽畅，观众流线好，后来又通了地铁7号线，很适合 ChinaJoy 当时及未来的发展。这个展厅是中外合资的，服务意识较好。上海新国际展览中心也比较知道怎么配合主办机构做好各项服务，包括参展商的设备及技术支持。这是很重要的。毗邻展厅的两个大型的五星级酒店嘉里中心和喜马拉雅有一流的会议设施。

（2）科技设备先进。ChinaJoy 现场需要很多巨大显示屏，数以万计的电脑和设备同时开动起来，需要很大的无线网络支持流量。而上海率先建成信息公路即宽带技术，可以满足展会大流量的需要。当时，全上海的 LD 视屏都被借来现场，一是能在上海借到，二是能开动起来。技术上只有上海等少数城市做得到。

（三）政府服务到位不越位

ChinaJoy 台前的热闹，背后有着强大的政府支持。初期游戏业是个热门但是也有争议的话题，政府支持不到位很多事情也办不成。一是部市领导重视，一直担任主办机构（到2014年为止），分管领导都至高峰论坛或展览现场讲话，指导工作。总局龙新民、柳斌杰、蒋建国局长也曾亲临参会给予支持。我们局历届局长都支持，我作为分管副局长，曾参与六届，都全程在现场指挥。最多时，我们派出局机关以及下属单位六七十人在现场负责会务、安保、内容检查等工作。比如 ChinaJoy 的现场游戏，很难做到事前依法审查，我们与总局音像司组成一个15人之多的审查小组，一直在现场查看来自海内外的节目，最多时达数千款，确保了内容安全。每届 ChinaJoy 都在七月末八月初盛夏高温期间举办，人流量最多时达30余万，最多一天十几万，现场十分拥挤，防踩踏、防火灾等安保工作十分重要。我们和承办机构合作，在现场配备专业安保 150 人、机关人员 50 余人，以确保现场安全。十七届如一日未出大事情。展览所在地的浦东新区也很重视这个展会，在各方面提供保障。我们局和市委宣传部一起，还组织上海媒体加大对 ChinaJoy 以及游戏业的报道和引导，比如报道每年游戏展会的特点、引导游戏健康发展比如倡导绿色游戏、倡导民族游戏，抑制游戏的凶杀、暴力、色情内容，反对一面倒地引进外版游戏，呼吁家长防止青少年沉迷网络游戏，等等，起到了积极的作用。

ChinaJoy 成长的这十几年，我们局始终身体力行为 ChinaJoy 提供优质服务，到位但不越位。即支持承办机构负起具体责任，在招展、布展和运营方面发挥能量，不给人家添乱。所以政府与展览公司之间也有很好的配合。

（四）2004 年政府职能的转型

2004 年是上海市新闻出版局的转型年。经过改革，我们局变成了纯粹的政府管理局，原先作为主管直属 18 个出版社、印刷集团、发行集团人财物的职能划给了市委宣传部。出版局事权和职能大大减少。所以必须转型成为面向全社会的服务型政府，而做大型的文化展会，就显得十分重要。所以，这一年 ChinaJoy、上海书展和中国最美的书展览先后成功举办，三个品牌后来在国内外都达一流水准，也在于当时转型的背景。

另外一点，当时上海的文化强调"码头"作用，就是定位在对外文化交流中心，要把海内外优质文化和产业文化引进上海，体现出它在文化交流上的功能。而这几个项目，都响应了市委提出的城市文化方向，同时也与 2009 年以后上海文化定位为"国际文化大都市"相衔接。

（五）我国网络游戏业持续发展，上海持续"三分天下有其一"

展会宣布永久落户上海以后的十余年，我国科技、金融和文化高度融合的文化产业主要是网络游戏业，后来随着移动手机发展、青年人创新创业以及各省数以百计的创意园区等的推动，这个行业一路高歌猛进，2018 年营业收入 2 100 多亿元，拉动设备业、电信业的消费力度极大，成为无烟工业。很多上市公司、亿万富翁、创新人才出自游戏业。所以，需求一直推动着 ChinaJoy 稳健发展。

随着上海游戏超额利润对各地的吸引，广东、北京、成都等地的游戏业也展示出后发效应，上海由初期占比 75% 也逐年下降。在我分管这项工作时，已降至 35% 略多一点的份额。2015 年营业收入 500 亿元左右，2019 年 720 余亿。但腾讯、网易、完美世界等公司仍将游戏分公司设在上海。上海还有相当的竞争力和综合优势。这也一直支撑着 ChinaJoy 在上海的存在。

三、ChinaJoy 展览组织机构自身的努力

今天 ChinaJoy 作为一个文化品牌兼商业品牌，经过评估，它已具有 10 多亿人民币的价值并已在市场交易成功。2018 年展会观众和参展人员高达 35 万人之多，除了直接的展会收入，还带动了数十万观众来上海旅游，带来了十余亿的线下消费，给上海会展、旅游业增色生辉，这是不易的。中国绝大部分的文化展会，大多是政府主办、政府出资、政府运营。所以都有大量的政府投入，被做成公益性项目。很少做成会展产业品牌，自负盈亏。

现在回想起来，在于 ChinaJoy 一开始就设计了很好的定位、潜在的空间和商业模式。

（一）政府支持民营会展公司承办

政府不出钱，包括起步阶段上海市政府也没有出过资助资金。政府没有"扶上马送一程"，一开始就让会展公司置之死地而后生。这样，会展公司必须努力招展，精心核算成本，该用的钱就用，不该用的钱就不用。记得超过 25 万人流以后，我们感到了现场的危险。提出每个展厅 8 个大公司展区的布局太挤，容易出事情。会展公司最后同意减到 6 个展位，腾出了很大的安全空间，便于疏散人流。这要多支出很多钱，但该用的钱也用。这种会议主办承办模式在国内很少运用，

但 ChinaJoy 成功了，始终没有变化。很多领导同志也给予充分肯定。

（二）起初就设计了非常好的名称及定位

一般这类文化展会从上海开始，会把 ChinaJoy 定名为"中国网络游戏大展"之类，ChinaJoy 则为"中国国际数码互动娱乐产品及技术应用展览会"。当初很多人不理解，起步时也很艰难，很少国际客户为什么定位国际？只有网络游戏为什么叫"互动娱乐产品"，只有产品为什么又写上了"技术应用"呢？

后来的发展一步一步地证实，这些内容都被发展和需求填满了。我们成了国际上最大的游戏展，不仅是网络游戏，家庭游戏机等也纳入了。不仅展览内容，而且各种设备制造商都来参展了。

更重要的一点是，起步阶段我们功能定位在 B to C 上，因为当时我们还做不到 B to B 商务对商务的专业展览。但我们中国有众多热心的玩家（顾客），我们定位把他们先吸引进来，造成声势、规模，再吸引全球游戏商和相关产业链的供应商进入。到条件成熟时再开辟 B to B 的商务展区，从一个馆扩大到四个馆。世界上文化展会的模式，一般都是以 B to B 为主，B to C 为辅。比如法兰克福书展和美国 E3 展。前面两三天只向专业人士开放，后面两天向观众开放。分成前后两段。

而 ChinaJoy 是从中国实际出发的。它先发展游戏商与观众的互动，使之成为玩家的嘉年华、狂欢节。从 2005 年第三届开始安排在暑假期，也是让 15—25 岁的玩家有时间来参与。而后开放 B to B，两个展区时间是并行的，分成两大展区同时展开。顾客（玩家）凭门票一般不可进入商务区。这是非常成功的安排。

（三）ChinaJoy 的三大板块构成了实力和吸引力

成熟期的 ChinaJoy 包括了三大业务：B to C 玩家互动娱乐区、B to B 综合商务洽谈区、论坛。

一是 B to C 互动娱乐区。由最初的一个半厅，发展到最近几年 8 个展厅约 10 万平方米，致力于为玩家服务，让玩家体验新产品和获得现场感。除了玩，还有很多人自发地扮演 cosplay，在现场秀自己的服饰和创意。是中国少有的年轻人的嘉年华。从中国游戏到近年国外游戏，从一百多种游戏到近年的四千多款游戏，让玩家有更多的选择。在这十几年中，在技术支持上，由最早的端游，到后来的页游、手游、家用机、AR以及电竞，不断地以新产品、新体验吸引受众。参与和体验还体现在一届比一届红火的cosplay全国比赛（游戏动漫角色扮演嘉年华）。各省市层层选拔以省为代表的团队，在会展期间进行现场总决赛，很多观众前来参与，并在闭幕日下午举行颁奖仪式。我们都曾去授奖，与年轻人在一起才知道ChinaJoy是多么受他们的喜爱。很多年轻人都是自费从各地赶来上海参加展会，他们把舍不得花的钱积攒起来，参加这一年一次的盛会。以第12届为例，B to C互动娱乐区有750款全国顶尖游戏和1500台游戏体验机供玩家体验。

二是B to B综合商务洽谈区。由于中国巨大的游戏市场以及ChinaJoy在国际上数一数二的地位，吸引了海内外游戏商、电子设备商前来参与。我们从第6届开始，加强了商务洽谈区的建设。后来洽谈区从最初的零，到2018年的4个展厅4万多平方米，600余家企业含外商350家入场进行专业交易，期间达成意向商务合作850多项，意向合作产品1600多款，现场意向版权交易达5亿多美元，体现了ChinaJoy预设的国际性和交易的功能。很多游戏商通过ChinaJoy平台走向海外，或进入中国，起到了作为专业合作的桥梁作用。

值得一提的是，除游戏节目的交易，ChinaJoy也是世界先进网络技术与设备的交易平台。这部分也越做越大。

三是ChinaJoy的高峰论坛以及相关会议。会展业中会议也是一个重要的组成部分。好的展览一定要有好的会议相互搭配，才能相得益彰，珠联璧合。早期的会议主要是高峰论坛，上午是领导和领袖人物的主旨演讲，下午是各企业代表的发言。到后来，会议持续三四天，而且呈现多元化。以2014年的论坛为例，就有9个会场200多位嘉宾到场演讲，信息量巨大，能满足各类专业人士的需要，很多新理念、新技术、新方法在此地公布以及交流。如第12届ChinaJoy以"塑造世界游戏产业新格局"为主题,设置了高峰论坛(CDEC)、游戏开发者大会(CGDC)、游戏商务大会（CGBC）、世界移动游戏大会（WMGC）以及全球娱乐合作大会。所以它同样吸引专业人士的眼球,1 000 余家媒体蜂拥而来现场报道和采访。

（四）ChinaJoy 的主题与时俱进

ChinaJoy 旺盛的生命力和吸引力还来自时时追踪国内外游戏业界、玩家以及社会各界关心的热门话题,探索解决的方法和政策,引导人们向未来看齐,而不是沉迷于老的模式。

例如 ChinaJoy 近年的主题有第 10 届"名符其十,感恩十年,十进位,新纪元",第 11 届"游戏演绎梦想,移动畅想未来",第 12 届"塑造世界游戏产业新格局",第 16 届"新科技、新娱乐、新价值",第 17 届"健康新娱乐、游戏新价值",等等。在我记忆中印象深刻的内容和技术热点有,怎么引导民族国产游戏?怎么开发绿色健康的游戏?移动游戏的未来、家用机进中国、IP 品牌的运用（讨论游戏与文学、电影等产业的融合问题）、AR 技术在游戏上的运用、游戏的全球合作、开拓海外游戏市场等,这些话题都有积极的意义,推动着中国游戏业的进步、完善。

（五）有一个强有力的执行机构

ChinaJoy 成功是多元的,它整合了中央政府、地方政府、中国音像协会、民营承办机构以及业界专家的力量而成,与东京电玩展、洛杉矶 E3、科隆游戏展相比,它更具有中国的特殊性。但我认为,北京汉威公司是一个坚强的会展团队,没有他们的创意、努力以及持之以恒的精神,根本不可能办到这个程度。每次展览前后一周左右的时间,韩总以及属下全身心地投入,碰到的问题也是大量的。记得有次因为一位明星来现场客串,慕名而来的粉丝一早就在展台前聚集了成千上万人,他们占着位置不吃不喝,就等着心仪的那一刻。现场十分危险,展览公司的同志和我们一起维持秩序,大家心情万分焦虑,最后也熬过去了。很多又好气又好笑的突发事件会在 ChinaJoy 发生。好在有一个坚强的又有经验的团队，大多也化险为夷了。

ChinaJoy展会嘉宾与获奖者合影

因中途调任东方出版中心，我完整地参与了六届的组织工作，见证了ChinaJoy由创始、宣布永久落户上海直到今日的成熟，深感来之不易。特别是总署的肖司长、冠晓伟副司长和后来的张司长，都给予大力支持。在初创期要整合中央各部委的资源促进ChinaJoy及游戏业的发展，付出了热情和智慧。记得冠晓伟同志主持的工作会议，常常都开到深更半夜。把握总体，还注意细节。韩志海总裁作为一个职业会展人，有最初办展的眼光，预见到后来产业的大发展、中国成为世界游戏的中心，并把理念落到实处，推着展会一步步发展壮大，功不可没，难能可贵！杨晓渡副市长和于永湛副署长最早支持这个项目以及产业在上海落户，使之发展起来。历届上海市有关领导以及总署领导也很重视，使展会越办越好。

如今我已退休，但回想职业生涯参与ChinaJoy在上海成功创办，拓宽了视野，学到了很多东西，由一个传统出版人领略了时代的新风采，还是深感荣幸！

（祝君波）

附录二　上海网络游戏的发展及政策环境

　　网络游戏脱胎于单机游戏，英文名称为 Online Game，又称为"在线游戏"，简称"网游"。通常是以个人电脑（PC）、平板电脑、智能手机、电视主机等载体为游戏平台，以游戏运营商服务器为处理器，以互联网为数据传输媒介，通过广域网网络方式实现多个用户同时参与的游戏产品，以通过对游戏中人物角色或者场景的操作实现娱乐、交流为目的的游戏方式，具有可持续性的个体性多人在线游戏。

　　单机游戏曾经在 20 世纪八九十年代快速发展，但随着新世纪的到来，在盗版冲击和网络游戏产业快速成长的双重打压下，单机游戏迅速衰落。根据《2016 中国游戏产业报告》，单机游戏实际销售收入仅占全部游戏市场的 0.1%，其没落可见一斑。故本文不再记叙。

一、网络游戏的起源与发展

　　网络游戏起源于美国，最早的网络游戏可以追溯到 1969 年，当时瑞克·布罗米为 PLATO 系统编写了一款名为《太空大战》（Space War）的游戏，可支持两人远程同时在线。到 1972 年，PLATO 的同时在线人数突破 1 000 人，平台上出现了各种不同类型的联机游戏，这些联机游戏即网络游戏的雏形。网络游戏进入萌芽阶段。

　　1980 年，TCP/IP 协议研制成功，为日后互联网游戏的发展埋下了伏笔。90 年代，Web 技术和相应的浏览器出现，互联网的发展和应用出现了新的飞跃，一些专业的游戏开发商和发行商开始涉足网络游戏，推出了第一批具有普及意义的网络游戏。网络游戏市场的迅速膨胀刺激了网络服务业的发展，计时收费成为可能，网络游戏进入商业化发展阶段。

20世纪末，越来越多的专业游戏开发商和发行商介入网络游戏，一个规模庞大、分工明确的产业系统日渐形成。随着大型网络游戏（MMOG）的概念浮出水面，网络游戏开始直接接入互联网，在全球范围内形成了一个统一的大市场。包月制开始被广泛接受，并取代计时收费，成为主流的计费模式。游戏运营商的首要经营目标从如何让玩家在游戏里付出更多时间向如何保持和扩大用户群进行转变，从而把网络游戏带入了大众市场。网络游戏开始进入产业化发展阶段。

此后，网络游戏迅速在韩国、中国台湾、中国大陆等国家和地区发展起来，一举成为全球成长性最好的互联网产业。据市场研究公司NEWZOO发布的《全球游戏市场报告》显示，2016年全球游戏用户总数增至15.5亿人，市场收入约996亿美元，亚太地区继续主导全球市场，占比47%。中国市场占到了全球游戏收入的四分之一，超越美国成为全球第一大市场。

二、上海网络游戏的发展历程

对于中国游戏产业来说，上海无疑是其发祥地，并一直扮演着引领者的角色。无论是单机时代，暴雪、育碧、EA等国际顶尖企业纷纷在上海建立中国区总部；还是客户端游戏时代，盛大、九城、巨人、世纪天成、久游等企业齐聚上海，独领风骚、指点江山，都见证着上海游戏产业无比辉煌的历史。即便当下平台、渠道垄断市场，竞争日趋白热化，上海仍然占据全国三分之一的市场份额，拥有着举足轻重的地位。

2001年7月，盛大网络正式引进韩国网络游戏《传奇》，由于盛大网络的成功经营，仅半年时间，同时在线人数突破10万人，创造了巨大的经济效益。受盛大效应影响，众多门户网站和互联网企业纷纷跟进效仿。从此，中国网络游戏市场全面启动，以网络游戏为代表的中国游戏产业的新时代从此拉开了序幕。

2002年7月，第九城市获得韩国 WEBZEN 公司开发的游戏《奇迹MU》的大陆独家代理权，作为当时中国大陆玩家最喜欢的网络游戏，九城借此一跃成为业内唯一一家能与代理《传奇》的盛大分庭抗礼的公司。2003年度福布斯中国富豪榜上，37岁的九城董事长朱骏列66位，净资产15亿美元，成为继盛大董事长陈天桥之后第二位跻身于亿万富翁排行榜的中国游戏业界人士。

2003年，上海网络游戏销售收入约为13亿元，实现利润6亿元，比2002年增长约200%和250%，同时给电信、IT、媒体及传统出版带来150亿元的相关收入。当年，上海网络游戏产业占全国七成市场份额，上海盛大、九城成为国内最大的两家网络游戏公司，全国十大最受欢迎的网络游戏中有6款在上海运营。其后，上海网络游戏销售收入连续多年保持全国六成的占比。

2004年5月13日，上海盛大在美国纳斯达克证券交易所上市，股票代码为"SNDA"。发行股票13854487ADS股（美国存托凭证），每股发行价11.00美元，共募集资金1.52亿美元。

2004年10月5日，第二届中国国际数码互动娱乐产品及技术应用展览会（ChinaJoy）在上海召开，展区面积20 000平方米，吸引了140家展商167款作品参展，包括美国艺电公司、法国育碧公司等国际游戏企业参加展览。至此，ChinaJoy永久落户上海，至今已连续举办了17届，成为全球顶尖的游戏展会。

2004年12月15日，上海第九城市信息技术有限公司于美国纳斯达克证券交易所挂牌交易，股票代码为"NCTY"，当日开盘价19美元，发行当日收盘价21美元，融资金额为1.03亿美元。

2005年4月，九城宣布与维旺迪旗下的暴雪娱乐签约，取得顶级网络游戏《魔兽世界》在中国地区的独家代理运营权。随着这款当时世界上最受欢迎的游戏引入中国，上海九城风光无限，一时无两，同时也打开了中国网络游戏新世界的大门。

2005 年 11 月 24 日、28 日和 29 日，盛大先后宣布三款主打游戏《梦幻国度》《热血传奇》和《传奇世界》实行"永久免费"，抛弃原有的计时收费的商业模式，采取"免费游戏、增值服务收费"的模式向用户开放。对于这个有些匪夷所思的免费，业界、媒体、华尔街一片哗然，纷纷表示难以理解，"陈天桥疯了"。2005 年第四季度财报显示，盛大单季净亏损高达人民币 5.389 亿元。一年多之内，盛大股价跌掉了历史最高价格的七成多，市值大幅缩水。正当所有人都认为盛大将从此退出历史舞台的时候，2007 年盛大一季度财报显示，其游戏收入同比增长 63.1%，环比增长 12.2%，至 6 530 万美元。财报发布后，盛大股价大幅上涨，创下 52 周来新高。至此，上海盛大开创了网络游戏行业盈利新模式——CSP，无数企业效仿，并逐渐成为全球网络游戏行业最主流的盈利模式。

2006 年 8 月，中国另一款重量级国产网络游戏大作《征途——风雨同舟》正式运营，当年实现销售收入近 6 亿元人民币，使得上海征途网络科技有限公司（巨人）成为中国网络游戏产业一支不可忽视的力量。

2007 年 11 月 1 日，上海巨人网络（NYSE：GA）在美国纽交所成功上市，董事局主席 CEO 史玉柱在纽约证券交易所敲响上市钟。巨人网络上市发行价为 15.5 美元，融资 8.87 亿美元。上市之后，巨人网络市值高达五十余亿美元，超过上海盛大（市值 27.6 亿美元），成为当时中国市值最高的网络游戏公司。

2009 年 1 月，上海巨人推出名为"赢在巨人"计划，旨在帮助那些创意丰富、才华出众，但尚不具备创业条件的年轻创业者们。"赢在巨人"计划由巨人网络为创业者提供资金、技术、团队补充和全国推广运营等全方位支持，是中国网络游戏业第一个天使投资。项目一旦成功，创业团队可获最高 20% 的利润分成。5 月 18 日，上海巨人网络对公司内部进行了所有制改革。公司负责新项目的团队被直接设立为子公司，子公司的股权结构将采取母公司投资 51% 和研发团队投资 49% 的方式。同时研发团队拥有充分自主权，可自主确定研发方向、项目进度，自主调配人员和资金使用，不受母公司干涉。

2009 年 8 月 28 日，九城发布了截至 3 月 31 日的 2009 年第一季度财报，受痛失《魔兽世界》代理运营权的影响，九城财报首次出现营收下滑，单季净亏损达 4 680 万元。自此，九城一蹶不振，2016 年因股价长期低于 1 美元而面临纳斯达克的退市警告。

2009 年 9 月 25 日，上海盛大网络（Nasdaq：SNDA）旗下网络游戏业务盛大游戏在纳斯达克首次公开招股，计划筹集资金 7.88 亿美元，上市交易代码为"GAME"。

2011 年 6 月 9 日，国内儿童娱乐公司上海淘米控股有限公司以"TOM"为交易代码在纽约证券交易所挂牌交易，开盘价为 8.49 美元。淘米也称为国内首家赴美上市的中国儿童概念股。

2011 年 5 月 12 日 14 时 30 分，由上海心动企业发展有限公司独家代理发行的网页游戏《神仙道》开服收费，当时充值 21 447 元人民币。2012 年 3 月当月流水突破 1 亿人民币，创造了网页游戏界的神话，一举奠定了网页游戏在中国网络游戏业中的地位。截至 2015 年 5 月，《神仙道》国内开服数达到 25 000 组，最高在线人数突破 47 万人，累计收入超过 25 亿元人民币。加上之前由上海锐战网络科技有限公司开发的颠覆传统的策略页游巅峰之作《傲视天地》以及依靠页游《女神联盟》强势崛起的上海游族网络股份有限公司和拥有国内领先页游平台的上海三七玩网络科技有限公司的入驻，可以说上海俨然已成为当时中国网页游戏的引领者。

2012 年，随着苹果手机在国内用户中的占有率快速飙升，以千元机为主的智能手机市场价格逐步下探，致使 Android 手机大有用武之地。移动游戏作为盈利能力最强的移动互联网产品，价值日趋显著，手游用户的突飞猛涨，带动了市场规模的不断扩大。2012 年 11 月，北京乐动卓越的《我叫 MT》发布，作为一款改编自著名动画短片的卡牌类手游，在国内很快就掀起了一波热潮，成为当时的现象级作品。此后，移动游戏创业公司如雨后春笋，传统巨头也纷纷通过投资并购争抢优质资源，一大批上海移动游戏企业也随之快速成长起来。

2013年是上海的网络游戏资本市场最为火爆的一年。2013年1月29日，浙江报业集团宣布定增，以34.9亿元收购盛大网络旗下的边锋网络和浩方游戏平台。8月13日，深圳中青宝以3.57亿元收购上海美峰数码科技有限公司51%的股份。9月10日，江苏凤凰数字传媒以2.77亿元收购上海都玩网络科技有限公司55%的股份。10月10日，顺荣股份以19.2亿元收购上海三七玩网络科技有限公司60%的股份。10月11日，北京掌趣股份有限公司以8.14亿元收购上游信息科技（上海）有限公司70%的股份。10月21日，上海东方明珠文化发展有限公司投资2 500万美元获得上海第九城市控股的游戏研发工作室Red5 STUDIOS 20.01%的股份。10月22日，广东奥飞动漫文化股份有限公司以3.25亿元收购上海方寸信息科技有限公司100%的股份。10月23日，上海游族网络股份有限公司借国内A股上市公司梅花伞之壳成功登陆中国A股市场，成为首家国内网页游戏主板上市公司。

2014年，上海率先获准开展"国产网络游戏属地管理试点"工作，游戏审批申报材料和流程进一步得到提速和简化，审批时限时长较以往减少50%。"即来即审"和"即审即改"式服务满足并促进了网络游戏特别是移动游戏的市场化和商业化步伐，推动着上海游戏出版产业快速增长。截至2014年底，上海市新闻出版局通过属地化管理的方式共审查了252款游戏，约占上海报送产品总数（共计报送430款）的58.6%。同年，上海移动游戏销售收入约为55.8亿元，同比增长率约为154.7%。

2015年，上海移动游戏风生水起，现象级作品频出。巨人移动继《征途》手游向业界展现"肌肉"后，再次推出首款副本可命名的移动游戏《大主宰》，月流水轻松过亿。业界评论，移动游戏S级产品已经被巨人移动拉入亿元时代。其后，由莉莉丝科技（上海）有限公司创新设计开发的《刀塔传奇》最高单月营业额达 1.8 亿元，引起业界瞩目。由上海游族网络开发运营的《少年三国志》以及由上海 PPS 游戏联合发行的《花千骨》最高单月营业额均突破 2 亿元。由上海恺英网络运营的《全民奇迹 MU》，上线首日营业额达 2 600 万元，全球单月总营业额达到了 3.9 亿元，震惊业界。2015 年 8 月，由上海盛大游戏开发，腾讯游戏合作运营的移动游戏《热血传奇》正式上线，上线当天获得了 iOS 免费榜冠军，仅仅一周就把其他冠军产品拉下了马，荣登 iOS 畅销榜冠军。单日最高收入达到了 4 600 万人民币，月收入达到了 7 亿元左右，再现盛大昔日雄风。

2015 年，上海网络游戏资本市场依然热闹。3 月 16 日，富春通信发布公告，拟 9 亿收购上海骏梦。4 月 1 日，湖南天润实业控股股份有限公司发布公告，拟 8 亿元收购上海点点乐信息科技有限公司。4 月 5 日，盛大游戏签署最终私有化协议，估值 19 亿美元。4 月 16 日，上海恺英网络科技有限公司借壳泰亚股份成功上市，交易价格 63 亿元。5 月 4 日，顺荣以 28 亿元收购上海三七玩网络科技有限公司剩余 40% 的股份，前后收购资金合计达 47 亿元。11 月 11 日，世纪游轮作价 131 亿元购买巨人网络 100% 股权，由此巨人网络成功借壳世纪游轮重回 A 股市场，成为当时美股转 A 股市场的第一支游戏股。12 月 11 日，淘米网达成私有化协议，估值 1.34 亿美元。

三、网络游戏政策改革历程

21 世纪以来，国家新闻出版广电总局（原国家新闻出版总署）等政府主管部门采取一系列行之有效的措施来规范并推动网络游戏产业的发展。

2000 年 9 月 25 日，中华人民共和国国务院令第 292 号发布了《互联网信息服务管理办法》（下简称《办法》）。这是我国首次为规范互联网信息服务活动促进互联网信息服务活动有序发展而制定的重要法规。在《办法》中首次提出了互联网出版的概念并明确了新闻出版总署对全国互联网出版单位资格审核、对互联网出版内容和活动进行监管的职责。《办法》的颁布标志着我国互联网出版包括互联网游戏出版进入有法可依、依法管理的轨道。

2002年6月，新闻出版总署和信息产业部根据国务院《互联网信息服务管理办法》和《出版管理条例》，联合颁布了《互联网出版管理暂行规定》，对包括互联网游戏出版在内的互联网出版活动提出了全面、具体的管理原则和办法。同期，新闻出版总署为加强对游戏内容审查管理成立了全国游戏出版物专家审读委员会，有效地提高了对游戏内容的监管水平。

2003年初，国家新闻出版总署做出重大行政突破，对上海盛大网络股份有限公司等民营企业核发《互联网出版许可证》（2016年已改为《网络出版服务许可证》）。这在当时，对民营企业开放出版类许可，是破天荒的，也是需要极大的行政勇气的。事实证明，这一举动既保障了民营游戏企业的合法权益和投身事业发展的积极性，也有利于总署通过许可的形式，加强与从业企业的沟通，便于实施管理，更进一步丰富充实了我国新闻出版产事业的多元化发展。

2003年8月27日，为引导消费者特别是广大青少年合法、科学地使用游戏出版物，新闻出版总署发布了《关于在游戏出版物中登载〈健康游戏忠告〉的通知》（下简称《通知》）。《通知》规定，自2003年9月1日起，所有电子出版物出版单位在新出版的电子游戏出版物中、互联网游戏出版机构在出版的互联网游戏出版物中应设置必要的程序，在游戏开始前必须在画面的显著位置全文登载《健康游戏忠告》。《健康游戏忠告》全文："抵制不良游戏拒绝盗版游戏，注意自我保护谨防受骗上当，适度游戏益脑沉迷游戏伤身，合理安排时间享受健康生活。"

2003年9月，科技部正式将网络游戏通用引擎研究及示范产品开发、智能化人机交互网络示范应用两个项目纳入国家863计划。这也是我国首次将网络游戏技术纳入国家科技计划，极大地促进了中国民族网络游戏自主研发水平的提高。

2003 年 12 月 18 日，新闻出版总署、信息产业部、国家工商行政管理总局、国家版权局、全国扫黄打非工作小组办公室联合发出了《关于开展对私服外挂专项治理的通知》（下简称《通知》）。《通知》中明确了私服外挂这种违法行为是指未经许可或授权破坏合法出版、他人享有著作权的互联网游戏作品的技术保护措施，修改作品数据，私自架设服务器、只做游戏充值卡点卡运营或挂接运营合法出版、他人享有著作权的互联网游戏作品从而谋取利益、侵害他人利益。私服、外挂违法行为属于非法互联网出版活动应依法予以严厉打击。

2004 年 1 月，新闻出版总署等中央部委共同主办，北京汉威信恒展览有限公司承办旨在"扶持民族游戏产业、促进国际交流合作、加强知识产权保护、引导健康消费观念"的首届中国国际数码互动娱乐产品及技术应用展览会（ChinaJoy）。

2004 年 8 月，新闻出版总署发布了《关于实施"中国民族网络游戏出版工程"的通知》（下简称《通知》），同时公布了首批列入"中国民族网络游戏出版工程"的 21 种网络游戏作品。根据《通知》，"中国民族网络游戏出版工程"实施时间为 2004 年至 2008 年，五年内计划出版 100 种自主开发的大型民族网络游戏出版物，凡列入"工程"的选题，新闻出版总署将会同国家有关部门提供多方面的政策扶持，以保证该工程的顺利完成。

2009 年 7 月 13 日，新闻出版总署就加强对进口网络游戏审批管理的工作发布《关于加强对进口网络游戏审批管理的通知》（下简称《通知》）。《通知》指出，新闻出版总署是唯一经国务院授权负责境外著作权人授权的进口网络游戏的审批部门，如发现有其他部门越权进行前置审批，违法行政，有关企业可以依法向国务院监督部门举报或提起行政诉讼。

2013 年 9 月 27 日，国务院印发了上海自贸区的总体方案。根据方案，自贸区允许外资企业从事游戏游艺设备的生产和销售，通过有关部门内容审查的游戏游艺设备可面向国内市场销售。

2013 年 12 月 24 日，国家新闻出版广电总局办公厅发布 "关于实施国产网络游戏属地管理试点的通知"。通知显示，为适应数字出版产业繁荣发展的需要，探索转变政府管理方式路径，提高国产网络游戏审批工作时效，强化属地管理职责。国家新闻出版广电总局确定，自 2014 年 1 月 1 日起在上海市实施国产网络游戏属地管理试点工作。

2016 年 2 月 4 日，国家新闻出版广电总局、工业和信息化部发布第 5 号令，自 2016 年 3 月 10 日起，《网络出版服务管理规定》正式施行，原国家新闻出版总署、信息产业部 2002 年 6 月 27 日颁布的《互联网出版管理暂行规定》同时废止。新规进一步完善丰富了网络出版物和网络出版服务的定义和范围，更进一步规范了网络出版行为。同时，新规的颁布也为总局下一步制定网络游戏出版管理办法奠定了法律基础。

2016 年 5 月 24 日，国家新闻出版广电总局办公厅发出《关于移动游戏出版服务管理的通知》（下简称《通知》）（新广出办发〔2016〕44 号），对移动游戏管理工作提出强化规范管理要求。《通知》根据《出版管理条例》《网络出版服务管理规定》及相关管理规定，分别对已经出版运营和即将出版运营的休闲益智国产移动游戏、非休闲益智移动游戏管理做出了详细管理规定，要求所有移动游戏都必须经过国家新闻出版广电总局批准或补办批准手续，否则一律不得上网运营。《通知》自 2016 年 7 月 1 日起施行。同期，中国音数协发布《移动游戏内容规范（2016 年版）》，为引导行业自律，加强移动游戏内容建设和出版运营内容审核提供了重要参考依据。

根据 2017 年 12 月 15 日发布的《文化部关于废止和修改部分规章的规定》（文化部令第 57 号），国家文化和旅游部颁布了《网络游戏管理暂行办法》，适用于从事网络游戏研发生产、网络游戏运营、网络游戏虚拟货币发行、网络游戏虚拟货币交易服务等形式的经营活动，并取得《网络文化经营许可证》。网络游戏运营企业应当要求网络游戏用户使用有效身份证件进行实名注册，并保存用户注册信息。

2018 年 3 月 5 日，上海市新闻出版局根据《出版管理条例》《网络出版服务管理规定》以及国家新闻出版广电总局《关于移动游戏出版服务管理的通知》等相关法律法规的规定，制定了"关于规范上海网络游戏出版申报服务的通知"，要求互联网出版单位承担起主体责任，对网络游戏认真进行内容把关，并做好游戏的事后监管工作。

2019 年 10 月 25 日，国家新闻出版署发布了《关于防止未成年人沉迷网络游戏工作的通知》（国新出发【2019】34 号），实行网络游戏用户账号实名注册制度。严格控制未成年人使用网络游戏时段、时长。规范向未成年人提供付费服务。切实加强行业监管，探索实施适龄提示制度，积极引导家长、学校等社会各界力量履行未成年人监护责任。

四、上海网络游戏的代表企业

对于中国游戏产业来说，存在着这样一批先驱者，他们怀揣着激情和梦想走上了游戏这条充满艰辛和非议的道路，那时候没有成型的市场、没有完善的规则、没有可以参考的样例，他们开天辟地、披荆斩棘，开创了今日世界第一、市值近两千亿的游戏市场。这些企业或者创业者都是值得尊敬的，盛大网络、巨人网络无疑是其中的杰出代表。

1. 盛大网络

提到中国网络游戏产业，上海盛大网络发展有限公司是一家无法绕过的企业。曾几何时，盛大网络就是中国网络游戏产业的标志和象征。时过境迁，群雄并起，虽然盛大网络不再一枝独秀，在国内的市场份额也有下降的趋势，但盛大网络凭借其对国内网络游戏产业的深刻理解和把握以及时常让人眼前一亮的经营理念，不断创新，追求卓越，敢于尝试，敢于冒险，仍然当之无愧地成为中国网络游戏产业发展史上一代传奇。

1999 年 11 月，上海盛大网络发展有限公司成立，并推出中国第一个图形化虚拟社区游戏"网络归谷"。2001 年 9 月，盛大网络正式进军在线游戏运营市场，开启大型网络游戏《传奇》运营，产品上线后迅速登上各软件销售排行榜榜首，也创下了最高同时在线人数突破60万的纪录。2003年，盛大网络在代理游戏的基础上，开始实践网络游戏的自主研发。2003年7月，由盛大网络自主研发的第一款大型在线网络游戏《传奇世界》开始公开测试，并于9月正式收费运营。2003年9月，盛大网络所有游戏的最高同时在线人数突破100万，刷新了自己保持的世界纪录。2004年5月，盛大网络在美国纳斯达克股票市场成功上市。之后，开始发起一系列收购：收购了当时全球领先的网络游戏引擎核心技术开发企业之一的美国ZONA公司，收购了中国最大的在线对战游戏平台运营商——上海浩方在线信息技术有限公司、中国领先的棋牌休闲游戏开发运营商——杭州边锋软件技术有限公司、中国领先原创网络文学门户网站——起点中文网等。2005年2月，盛大网络宣布持有国内最大的门户网站新浪（NASDAQ：SINA）19.5%的股份。至此，盛大网络帝国基本成型。

　　"行业领袖不在于市场份额，而在于是否引领行业模式"是盛大网络一直强调的行业领袖的评判标准，也是盛大网络坚持在商业模式推陈出新，为行业思考未来发展的战略思维所在。

　　"游戏免费"和"CSP"。2005年11月，在盛大刚刚发布历史最高业绩后，主动宣布商业模式转型，由原来的订阅模式转为增值服务模式，并相继宣布《传奇》《梦幻国度》《传奇世界》等三款游戏"永久免费"。尽管转型前期，盛大出现了短期波动，当季亏损5.389亿元，这也是盛大自2004年5月上市以来的首度亏损，全年利润更是比2004年下降了72.9%。但是在盛大网络全体员工的共同努力下，只用了3个季度的时间就让"免费模式"成为整个行业的共识。数据显示，2006年中国网络游戏行业总市场规模高达65.4亿元，取得突破性增长的主要原因在于免费游戏。但盛大绝不止步于免费模式所取得的成就，而是更加深入地推介了基于社区平台化的CSP模式，实现了作为发展之本的用户沉淀和积累，给企业带来了更大的发展后劲。

"风云计划"。在2007年ChinaJoy高峰论坛上，陈天桥再次语出惊人，提出了游戏全民化运动的思路，同时用"三大计划"扼住未来的咽喉，做这场全民化运动的引擎，做人才培养的发动机。如果说2006年盛大推动的CSP新商业模式的成功是行业的十年大计，这次"风云计划"的推出则是直指百年大计。"风云计划"强调了游戏的全民性和平民智慧挖掘的重要性。陈天桥还承诺，"只要有游戏已经达到《风云》（盛大当时运营的一款游戏）的水平、影响力和用户规模，盛大都可以给你一个亿的现金。"业内人士表示，陈天桥又比他的竞争对手超前了一步，又一次把握住了行业发展的命脉。

"实践服务"。在陈天桥看来，盛大网络的核心竞争力不是游戏的运营，也不是产品的研发，而是盛大的服务理念。盛大不是制造游戏，而是制造服务。盛大网络对中国游戏产业最大的贡献之一是提出了实践"服务"的概念。在盛大之前，国内所有的软件开发商、销售商、游戏运营商都是以商品销售作为核心，当看到盛大把强大的运营、周到的客户服务、完善的技术支撑、广泛的销售网络和健全高效的支付平台都以"服务"为发展核心并取得显著成果之后，业内才开始研究、模仿盛大的服务模式，进而逐渐推动整个网络游戏产业向更高层次方向发展。

2. 巨人网络

2004年是中国网络游戏产业发展史上具有重要意义的一年。也就是在这一年，盛大网络和第九城市这两家中国著名的网络游戏公司先后完成了在纳斯达克上市的壮举。也正是在这一年的11月，一家名为"巨人网络"的游戏公司才刚刚成立。谁也没有想到，这家默默无闻的小公司仅仅用了两年就迅速发展成为业内的一匹黑马，杀入了中国网络游戏产业的第一阵营。

2006年4月21日，《征途》开始公开测试，到2006年底，最高同时在线人数突破75万，在中国大型写实类角色扮演类游戏中独占鳌头。《征途》游戏采用免费运营的模式，通过销售游戏中的增值服务盈利。

2006 年最高月销售额突破 7 000 万元，全年销售收入 5.7 亿元，净利润 4 亿元，单款游戏盈利能力在中国网络游戏行业中名列第一。2007 年仅上半年的销售收入就达到了 6.87 亿元，实现利润 5.12 亿元，利润率高达 74.5%。最高同时在线人数突破 100 万人。2007 年 11 月 1 日，更名为上海巨人网络有限公司的上海征途网络科技有限公司在一向以审查严格著称的纽约证券交易所上市，融资超过 8 亿美元，一跃成为中国市值最大的网络游戏公司，创造了一个"神话"。

巨人网络是一个从不按常理出牌的企业。从完全免费到送增值服务，从发测试费到给玩家发"工资"，从请媒体验证游戏在线人数到承诺"不好玩就赔钱"，巨人网络的每一个重大举措几乎都引起了整个网络游戏行业的"地震"。对于巨人网络的种种创新，业内也是争议不断。有人说史玉柱是"搅局者"，不遵守行规，把中国网络游戏市场搞乱了；有人说巨人网络是来骗钱的，想捞一笔就走人。然而，市场始终是检验企业的唯一标准，《征途》在市场上的成功表明，巨人网络的一系列举措得到了用户的欢迎和接受。有巨人网络这样不墨守行规、敢于创新的企业存在，对中国网络游戏产业的发展具有积极的意义。

四、中国国际数码互动娱乐展览会（ChinaJoy）

新世纪初，国内游戏市场一直沉浸在单机的梦想中，随着《传奇》的成功，韩国网络游戏产品迅速占领了国内网络游戏市场，民族原创网络游戏亟待提振。

2003 年，中国网络游戏发展迅猛，并跻身中国 2003 年十大盈利行业，网络游戏研发被国家纳入 863 计划。与市场的火热相比，国内没有一个像样的游戏展会和论坛，中国网络游戏业处于集体失声的状态，大家只能跻身于 E3、东京电玩等国外的市场中去仰慕国外企业的炫耀。

2004 年 1 月，在新闻出版总署等中央部委的大力支持和推动下，首届中国国际数码互动娱乐产品及技术应用展览会（ChinaJoy）在北京应运而生，并取得了较好的反响。

当时处于全国网络游戏行业绝对领先地位的上海洞察机遇，分管副市长和上海市新闻出版局分管局领导亲赴北京，多方沟通争取。2004 年 10 月，第二届 ChinaJoy 如愿在上海国际博览中心盛大开幕。展区面积 2.5 万平方米，吸引了 140 家展商 197 款作品参展，包括美国艺电公司、法国育碧公司等国际游戏企业参加展览。优越的环境、良好的服务、规范的管理以及得天独厚的国际影响力，加上上海方面热诚的邀请，促使 ChinaJoy 至此永久落户上海，并伴随上海网络游戏产业共同快速成长起来。

（晓理）

附录三　上海网络游戏企业名录

许可证号	网站名称
（总）网出证（沪）字第018号	上海盛大网络发展有限公司
新出网证（沪）字04号	上海第九城市信息技术有限公司
（总）网出证（沪）字第007号	上海久游网络科技有限公司
新出网证（沪）字08号	上海巨人网络科技有限公司
新出网证（沪）字16号	上海悠游网软件科技有限公司
新出网证（沪）字17号	上海邮通科技有限公司
新出网证（沪）字18号	上海绿岸网络科技股份有限公司
新出网证（沪）字19号	上海起凡数字技术有限公司
新出网证（沪）字20号	上海大承网络技术有限公司
新出网证（沪）字23号	上海淘米网络科技有限公司
新出网证（沪）字24号	上海布鲁潘达网络技术有限公司
新出网证（沪）字26号	上海数龙科技有限公司
新出网证（沪）字27号	上海哈克信息科技有限公司
新出网证（沪）字28号	上海晨路信息科技股份有限公司
新出网证（沪）字29号	上海联游网络科技有限公司
新出网证（沪）字30号	上海商国网络科技发展有限公司
新出网证（沪）字31号	上海鸿利数码科技有限公司
新出网证（沪）字32号	上海蓝颢网络科技有限公司
新出网证（沪）字33号	上海游族信息技术有限公司

许可证号	网站名称
新出网证（沪）字 34 号	上海天游软件有限公司
新出网证（沪）字 35 号	上海恺英网络科技有限公司
新出网证（沪）字 37 号	上海锦游网络技术有限公司
新出网证（沪）字 39 号	上海隐志网络科技有限公司
新出网证（沪）字 40 号	上海云蟾网络科技有限公司
新出网证（沪）字 43 号	上海骏梦网络科技有限公司
新出网证（沪）字 44 号	上海盛浪信息咨询有限公司
新出网证（沪）字 45 号	上海星翼网络信息有限公司
新出网证（沪）字 46 号	上海双盟网络科技有限公司
新出网证（沪）字 47 号	上海众源网络有限公司
新出网证（沪）字 48 号	上海游贝信息科技有限公司
新出网证（沪）字 49 号	上海丝瓜网络科技有限公司
新出网证（沪）字 50 号	上海曼朵软件有限公司
新出网证（沪）字 51 号	上海蛙扑网络技术有限公司
（总）网出证（沪）字第 013 号	上海昊嘉信息技术有限公司
新出网证（沪）字 53 号	上海千橡畅达互联网信息科技发展有限公司
新出网证（沪）字 56 号	上海你我信息服务有限公司
新出网证（沪）字 57 号	上海游宝电脑软件有限公司
新出网证（沪）字 58 号	三七互娱（上海）科技有限公司
新出网证（沪）字 61 号	上海空中宏电网络技术有限公司
（总）网出证（沪）字第 011 号	上海易娱网络科技有限公司
（总）网出证（沪）字第 019 号	上海艾麒信息科技有限公司
（总）网出证（沪）字第 012 号	上海美峰数码科技有限公司
新出网证（沪）字 66 号	上海火瀑云计算机终端科技有限公司
新出网证（沪）字 67 号	上海要玩网络技术有限公司

（续表）

许可证号	网站名称
新出网证（沪）字 68 号	上海触控科技发展有限公司
新出网证（沪）字 69 号	上海顽迦网络科技有限公司
新出网证（沪）字 70 号	上海方寸信息科技有限公司
（总）网出证（沪）字第 017 号	东方明珠新媒体股份有限公司
新出网证（沪）字 72 号	上海东方明珠文化发展有限公司
新出网证（沪）字 73 号	上海创文信息技术有限公司
新出网证（沪）字 74 号	上海都玩网络科技有限公司
新出网证（沪）字 78 号	上海波克城市网络科技股份有限公司
新出网证（沪）字 79 号	上海雪鲤鱼计算机科技有限公司
新出网证（沪）字 80 号	心动网络股份有限公司
新出网证（沪）字 81 号	上海童石网络科技股份有限公司
新出网证（沪）字 82 号	上海游爱之星信息科技有限公司
新出网证（沪）字 85 号	上海掌玩互娱网络科技有限公司
新出网证（沪）字 86 号	小沃科技有限公司
（总）网出证（沪）字第 002 号	上海乐蜀网络科技股份有限公司

附录四　上海 2004—2013 年获奖
游戏产品要览

一、获奖的上海客户端游戏

根据 2004 年至 2013 年这 10 年国家新闻出版总署指导下召开的中国游戏产业年度大会颁发的获奖游戏，上海获得的年度十大最受欢迎的网络游戏，依次为：

首届番禺 2004 年盛大的《传奇》《传奇 3》《传奇世界》、九城的《奇迹》，上海占 4 款。

第二届厦门 2005 年九城《魔兽世界》、盛大《传奇世界》《仙境传说》《冒险岛 Online》，占 4 款。

第三届成都 2006 年巨人《征途》、九城《魔兽世界》、润星《劲舞团》、邮通《跑跑卡丁车》、天联世纪《街头篮球》，占 5 款。

第四届苏州 2007 年九城《魔兽世界》、邮通《跑跑卡丁车》、盛大《冒险岛》、久游《劲舞团》，占 4 款。

第五届青岛 2008 年久游《劲舞团》《超级舞者》、天游《街头篮球》、邮通《跑跑卡丁车》、盛大《冒险岛》《疯狂赛车》，共 6 款。

第六届大连 2009 年网络游戏盛大《永恒之塔》《风云》、巨人《征途》、邮通《反恐精英 OL》，占 4 款。

第七届北京 2010 年盛大《龙之谷》、网通《魔兽世界》、盛大《传奇世界》、世纪天成《反恐精英》，占 4 款。

第八届西安 2011 年为网之易《魔兽世界·大地裂变》、盛大《龙之谷》和《星辰变》、巨人《征途》，占 4 款。

第九届苏州 2012 年为网之易《魔兽世界·熊猫人之谜》、盛大《传奇世界 II》，占 2 款。

第十届武汉 2013 年为盛大《九阴真经》《零世界》、巨人《仙侠世界》，占 3 款。另外这届又设最受期待的十大客户端游戏，上海有盛大《最终幻想 14》、九城《火瀑》、巨人《江湖》、世纪天成《反恐精英》，占 4 款。

以上 10 年，正是我国端游发展的黄金时代，由初期的一花独放到诸强群起，上海在这一轮发展中强盛登场，精品迭出，风光无限。这些产品，也反映出该领域当时的游戏市场人气指数和上海的领先企业。

二、获奖的上海网页游戏

根据中国游戏产业年会发布的获奖名单，上海页游的状况如下：

第五届青岛年会 2008 年首设十大最受欢迎网页游戏，上海获奖为盛大《纵横天下》、晨路《武林三国》、维莱《部落战争》等 3 款。

第六届大连 2009 年为淘米《摩尔庄园》、盛大《大海战》、晨路《武林英雄》等 3 款。

第七届北京 2010 年有上海淘米《摩尔庄园》、巨人《黄金国度》、锐战《傲视天下》等 3 款。

第八届西安 2011 年为心动《神仙道》、盛大《三国杀 OL》、淘米《摩尔庄园》、锐战《傲视天下》等 4 款。

第九届苏州 2012 年为三七玩公司《龙将》、游族《大侠传》等 2 款。

第十届武汉 2013 年为宝开《植物大战僵尸 online》。

三、获奖的上海移动游戏

查中国游戏产业年会的年度颁奖记录，早在第三届成都 2006 年就设过一次十大民族手机游戏，上海仅久游的《超级舞者手机版》获奖。

其后直到第7届北京2011年再设手机游戏奖，上海慕和《口袋精灵》入选。第8届西安2011年，上海慕和《口袋精灵》、盛大《悍将传世手机版》入选。

四、获奖的上海单机版游戏

在中国游戏产业年会评选发布中国十大最受欢迎的单机版游戏中，依次为：

第一届世纪天成的《反恐精英》。

第二届育碧《波斯王子·武者之心》。

第三届育碧《波斯王子·王者无双》。

第四届、第五届未设。

第六届上海育碧《魔法门之英雄无敌》《猎杀潜航4太平洋战狼》《彩虹26拉斯维加斯》《波斯王子和英雄无敌：东方部落》共4款。

第七届未设。

第八届上海烛龙《古剑奇谭》、上海育碧《英雄无敌V东方部落》《波斯王子》共4款。

第九届碧汉《英雄无敌VI》、育碧《彩虹6·拉斯维加斯2》、宝开《宝石迷阵2》、育碧《猎杀潜航4·太平洋海狼》、宝开《侏罗纪泡泡龙》共5款。

以上可见上海在这一细分市场占有相当的优势。

五、获奖的上海民族网络游戏

从中国游戏产业年会发布的年度十大最受欢迎的民族网络游戏奖项看：

第一届上海有《传奇世界》《英雄年代》。

第二届上海有《传奇世界》。

第三届《征途》。

第四届有《传奇世界》《征途》。

第五届有《传奇世界》《征途》《超级舞者》共3款。

第六届有《传奇世界》《蜀门》《魔界2》等3款。

第八届有《星辰变》《征途2》《传奇世界》，还有《口袋精灵》《悍将传世手机版》获最受欢迎十大民族手机游戏共4款。

第九届有《传奇世界II》《三国杀》手机版。

六、获奖的上海休闲游戏

中国网络游戏年度大会较早关注到休闲游戏的评比，设立十大最受欢迎休闲网络游戏，上海历届获奖情况为：

第四届《飙车》《街头篮球》共2款。

第五届页游《劲舞团》和《超级舞者》、天游《街头篮球》、邮通《跑跑卡丁车》、盛大《冒险岛》和《疯狂赛车》共6款。

第六届邮通《跑跑卡丁车》和《反恐精英OL》、盛大《冒险岛》、久游《劲舞团》、巨人《体育帝国》、天游《街头篮球》和天纵《飙车》共7款。

第七届盛大《冒险岛》《泡泡堂》和《彩虹岛》、久游《劲舞团》、天游《街头篮球》、邮通《跑跑卡丁车》共6款。

第八届世纪天成《跑跑卡丁车》、宝开《植物大战僵尸（手机）》、盛大《冒险岛OL》共3款。

第九届、第十届未设奖。

（崔冬玲 整理）

后 记

　　大约是在 2000 年的时候，我在上海人美社当社长，有幸认识陈天桥先生，那时他刚由体制内"下海"，与我所在的人美合作办刊《动画大王》。听他说起正在做虚拟社区的设想，听得很有趣味。后来知道，这就是即将火爆的网络游戏业。那时他才 27 岁。我到出版局任职后，正好分管游戏业务，开始知道盛大引进了韩国的《传奇》，知道一点网络游戏是怎么回事。再后来就认识了朱骏先生，他创办九城引进《魔兽世界》也很成功。他是"海归"，我就问他怎么会想到游戏。他回答我说回国创业前，就想找一个国外成功了、国内还没有的项目，就发现了把网络游戏移植过来容易成功！他一句话给我很多启发。后来我发现自己做成功的几件事，也是这样的。再后来又认识王子杰先生，他从日本回中国，带来了任天堂的游戏，成功但被盗版盗得活不下去，就转到网络游戏界，2003 年初创办了久游网，还主导开发了《超级舞者》《超级乐者》《疯狂飙车》等一系列民族休闲游戏。

　　我一方面管理这些企业，一方面与这些企业家打交道，向他们学习。我是从底层企业打拼上来的公务员，与企业家相互间有很多共同的语言。2004 年参与筹备 ChinaJoy，在这个平台上又认识了更多的人，学到了更多的东西。2012 年我从东方出版中心再回局工作，仍然分管这个行业，发现新一代的游戏人游族林奇、莉莉丝的王信文等都成长起来了。这时游戏业有了更大的发展。年轻的 ChinaJoy 已位居世界第二、亚洲第一了，每届 ChinaJoy 注入二三十万人，身处其中既为安全担心，又感到亢奋，好像自己也年轻了许多。此后，游戏业新的业态、新的元素不断涌现，让我惊叹之余感到需要不断地学习，才能跟上年轻人的前进步伐。

确实，互联网改变了我们，改变了世界，也造就了文化产业的新天地。我原来是一个极其传统的出版人，但在这个时点，随着时代和年轻人一起去拥抱这个世界、这个行业。尽管从头至今，还是有人、有家长反对网络游戏业，它确实也有负面的影响，就像1982年港片《少林寺》上映后的结果那样，有的少年纷纷离家去寻找走向少林寺的道路。新的东西在世界上产生了，它对年轻人总是更有吸引力。这是客观的存在。我对网络游戏并没有保守，我在主管网络游戏出版时，一直积极支持这个行业，同时引导行业走绿色发展的道路。我曾说过"网络游戏不是天使，但也绝不是魔鬼"，当时登在各大报纸上，代表了我和我们局的态度。十五年过去了，我还是这么认为的。其实游戏只提供了娱乐的空间，它与小说、电影、电视剧所确定的唯一指向性是有区别的。它在形式上更刺激，但并不可能表述复杂的内容和思想。

我们年轻的时候生活是极为枯燥、极为单调的，放来放去就是几部电影，看来看去就是几本书，或者和伙伴们下象棋、下军棋，我们把两个人对弈的军棋改成四个人下的"四国大战"，已是了不起的享受了。而有名的大世界娱乐城我只进去过一次，"文革"一来它就关门了。改革开放，才让我们看到更多的书，更多的音像作品，更多的电影、电视，后来又迎来了古老游戏的新载体——网络游戏。年轻的时候，社会希望每个人都有崇高的理想和情操，都极为高尚，没有缺点。后来知道这是不可能达到的一个标准。在法律底线面前，我们不能要求人们只有一种选择。一个十几亿人的大国，怎么能要求大家只看什么不看什么呢？很多金领、白领、民工，他们在那么辛苦地付出、流汗，向他们提供更多元、更丰富的文化娱乐，让他们放松、休息，这是多么地符合人性！

我不是游戏业的创业者，但是从2000年以来我一直是行业的参与者、见证人。记得有一次，我邀请我的老领导龚学平单独来观看

ChinaJoy，他是一个见多识广的领导人、媒体人，那天我和韩志海总裁陪他看展会。看的过程他一声不吭，我心里有点紧张，以为他有什么不同看法。坐下来以后，他才显出兴奋和激动。他为没有早几年来看这个展会颇感遗憾，然后对上海网络游戏业的发展势头，给予充分肯定。并且鼓励我以后编一本书，介绍上海网络游戏这一新兴产业，作为文化产业培训的教案。现在大家看到的这本书和我写的这篇专文，就是在他指导下进行的。

我在写作的过程中，把上海定位为我国网络游戏产业的发祥地和产业高地之一。尽管后来北京、深圳的游戏营业总量已略为超过上海，但上海依然是产业高地。群山连绵不断，最高峰只有一座，但高地是可以而且需要有若干座的。

在这一定位下，我叙述了上海网络游戏发展的历史、特点、规模、市场结构以及发生发展的原因，并以此折射出全国的状况和时代的大背景。而所有的文字，都尽可能用案例、数据、事实来说明。在全书中，我承担了概说的写作，这就给我自己出了一个难题。因为从百度和其他网站查了的数据众说纷纭，需要仔细辨析和选择才会接近实际。而且如何梳理出上海网络游戏发展的历程和逻辑，是一个挑战。为此，我做了很长时间的准备，又让我的老同事丁晓玲、范张文、梅笑艳、崔雨等帮助提供资料。终于在 2020 年 2 月上海抗疫期间，完成了概说的初稿，感到如释重负。我早已在 2015 年 7 月离开了出版局领导岗位转到政协上班，现在已正式退休，但老领导的要求以及近二十年接触游戏业的经历和感情，使我感到这是一种责任，同时也是为了表达自己对上海以及我国的游戏创业那代人深深的敬意！我们参加出版工作大多是组织的安排，而他们才是自主选择，是真正的开创者！

在此书编写的过程中，我们征求了市新闻出版局有关部门的意见，选择了盛大、盛趣、巨人、游族、莉莉丝和米哈游这六个上海的代表性企业为案例，写出了他们创立、发展过程以及创始人的魅力和领袖风采。鉴于 ChinaJoy 和政府政策对上海游戏业的作用，我们特邀韩志海先生和陆以威先生写了两篇专文，给读者展现丰富的产业背景。现在完成的书稿，兼有史料和教学的价值。点面结合的内容构成和案例，特别适合从业者和在校生作为教材使用。

在成书过程中，我们始终得到戴平老师、上海视觉艺术学院和上海交通大学出版社的关心和指导，在此一并表示感谢！我的老同事杨治垫、崔冬玲同志为本书的编辑、组稿作了大量联络和文案工作，在此也表示感谢！

祝君波

2020 年 5 月 29 日